读古诗
学汉语

钱 华 刘德联 编著

CLASSIC POEMS FOR
CHINESE LEARNING

北京大学出版社
PEKING UNIVERSITY PRESS

图书在版编目(CIP)数据

读古诗 学汉语 / 钱华, 刘德联编著. —北京：北京大学出版社, 2020.5
ISBN 978-7-301-31240-7

Ⅰ.①读… Ⅱ.①钱…②刘… Ⅲ.①汉语—对外汉语教学—教材 Ⅳ.①H195.4

中国版本图书馆CIP数据核字(2020)第017742号

书　　　名	读古诗 学汉语 DU GUSHI XUE HANYU
著作责任者	钱　华　刘德联　编著
责任编辑	孙艳玲　宋立文
标准书号	ISBN 978-7-301-31240-7
出版发行	北京大学出版社
地　　　址	北京市海淀区成府路205号　100871
网　　　址	http://www.pup.cn　　新浪微博：@北京大学出版社
电子信箱	zpup@pup.cn
电　　　话	邮购部 010-62752015　发行部 010-62750672　编辑部 010-62753374
印 刷 者	北京宏伟双华印刷有限公司
经 销 者	新华书店 787毫米×1092毫米　16开本　14印张　275千字 2020年5月第1版　2020年5月第1次印刷
定　　　价	78.00元

未经许可，不得以任何方式复制或抄袭本书之部分或全部内容。
版权所有，侵权必究
举报电话：010-62752024　电子信箱：fd@pup.pku.edu.cn
图书如有印装质量问题，请与出版部联系，电话：010-62756370

前　言

1997年，我们合作出版了《中国古代诗歌选读》（英日文注释本），选取了中国古代先秦至清代中期的诗歌共110首，皆为文字较为浅显易懂、适合具有中等以上汉语水平的外国学习者学习的名篇。该书出版后受到喜好中国古代文学的外国学习者的欢迎，后来成为北京大学对外汉语教育学院的选修课"古代诗歌选读"的固定教材，这门选修课坚持了近二十年。

为使外国学习者更好地学习中国古代诗歌，根据学习者的反馈意见，我们决定在《中国古代诗歌选读》的基础上，按照对外汉语教材的编写体例，编写《读古诗 学汉语》，增加中国古代诗歌知识以及大量的练习，使学习者在学习古诗的同时进一步了解中国文化，提高汉语水平。

在编写教材的过程中，我们根据开设古代诗歌课程的教学经验，对《中国古代诗歌选读》所选110首诗歌进行了增删，精选出了适合课堂教学使用的51首诗歌。考虑到选修这门课程的韩国学生较多，在原有汉语注释、英语注释、日语注释的基础上又增加了韩语注释。

在教材中，我们保留了"拼音"的板块，同时为诗歌配音，帮助学习者准确朗读中国古代诗歌；保留了诗歌"说明"的板块，使学习者了解每一首诗歌的作者或创作背景；增加了"思考与表述"的板块，促使学习者在学习过程中相互交流。

希望《读古诗 学汉语》的出版，能够促进相关课程的完善，有助于学习者在学习中国古代诗歌的过程中加深对汉语语言与文化的了解。

编　者

使用说明

《读古诗 学汉语》是专为选学中国古代诗歌的外国学习者设计编写的通俗类对外汉语教材。

为了使学习者能从历史的角度了解所选古诗的时代背景，本教材以《中国历代纪元表》为引导，将所选诗歌按照创作年代的顺序编排，所选诗篇涉及爱情、亲情、友情、军旅、离别、思乡、田园、咏景、咏怀、酒与诗等主题。所选诗歌跨度较长，难易程度不一，早期作品难度可能略大。

使用建议

教师使用本教材时，可以按照课文顺序进行授课，也可以根据学习者的汉语水平或喜好，打乱课文顺序，按照古诗的主题来教授。比如"爱情"主题，可以选《关雎》一课，也可以酌情选择其他同主题的诗歌。关于古诗主题的确定及古诗的归类（详见附表），同一首诗歌可能涉及咏景、思乡等多个主题，归类时优先考虑教师授课方便而选择某一个主题，不妥之处还望见谅。

体例安排

本教材在每首诗歌后面，标出了汉语拼音，并配有录音，以方便学习者朗读。为使学习者不过分依赖拼音，学会认识汉字，汉语拼音单独排列。拼音每行首字母大写。在注音中，一般按照现代汉字标出声调，对于个别涉及诗歌韵律的汉字，为读起来朗朗上口，还是采用了传统读法，如"远上寒山石径斜"的"斜"字，我们仍标为 xiá。

本教材在每首诗歌后面，编有"说明"这一板块，既介绍了诗歌创作者，又以通俗的语言，对诗歌做了讲解和欣赏导引。

练习部分从拼音、汉字、词语、诗句等多种角度设置，使学习者既了解了古代诗歌，又掌握了诗歌语言及其用法。

编 者

读古诗 学汉语

附表

主题	相关诗篇	
爱情	第1课《关雎》 第29课《竹枝词》（其一） 第44课《江城子》	第2课《木瓜》 第36课《无题》 第47课《青玉案·元夕》
田园	第4课《归园田居》（其三）	第5课《饮酒》（其五）
军旅	第6课《木兰诗》	第12课《凉州词》（其一）
离别	第7课《送杜少府之任蜀州》 第30课《赋得古原草送别》	第16课《送元二使安西》
亲情	第45课《水调歌头》	
友情	第19课《黄鹤楼送孟浩然之广陵》 第21课《赠汪伦》	
咏景	第8课《登幽州台歌》 第11课《登鹳雀楼》 第14课《黄鹤楼》 第23课《望庐山瀑布》 第25课《绝句》 第32课《过华清宫》（其一） 第34课《江南春绝句》 第42课《饮湖上初晴后雨》	第9课《咏柳》 第13课《春晓》 第22课《早发白帝城》 第24课《春夜喜雨》 第28课《江雪》 第33课《清明》 第35课《山行》 第43课《题西林壁》
咏怀	第3课《步出夏门行》（其四） 第38课《虞美人》 第40课《浣溪沙》 第46课《夏日绝句》 第50课《石灰吟》	第37课《乐游原》 第39课《乌夜啼》 第41课《泊船瓜洲》 第48课《丑奴儿·书博山道中壁》 第51课《己亥杂诗》
思乡	第10课《回乡偶书》（其一） 第18课《静夜思》 第27课《秋思》	第15课《九月九日忆山东兄弟》 第26课《枫桥夜泊》 第49课《天净沙·秋思》
酒与诗	第17课《将进酒》（其一） 第31课《问刘十九》	第20课《月下独酌》（其一）

目 录

第1课 关 雎 ……………………………………… 1

第2课 木 瓜 ……………………………………… 8

第3课 步出夏门行（其四）……………………… 13

第4课 归园田居（其三）………………………… 18

第5课 饮酒（其五）……………………………… 22

第6课 木兰诗 ……………………………………… 26

第7课 送杜少府之任蜀州 ………………………… 37

第8课 登幽州台歌 ………………………………… 42

第9课 咏 柳 ……………………………………… 45

第10课 回乡偶书（其一）………………………… 49

常识（一） 中国最早的诗歌总集——《诗经》 …………… **52**

第11课 登鹳雀楼 ………………………………… 53

第12课 凉州词（其一）…………………………… 57

第13课 春 晓 ……………………………………… 61

第14课 黄鹤楼 ……………………………………… 64

第15课 九月九日忆山东兄弟 ……………………… 69

第16课 送元二使安西 ……………………………… 73

第17课	将进酒（其一）	77
第18课	静夜思	84
第19课	黄鹤楼送孟浩然之广陵	87
第20课	月下独酌（其一）	91

常识（二）　中国第一位独立创作的诗人——屈原 ………… **95**

第21课	赠汪伦	96
第22课	早发白帝城	99
第23课	望庐山瀑布	102
第24课	春夜喜雨	106
第25课	绝　句	110
第26课	枫桥夜泊	114
第27课	秋　思	118
第28课	江　雪	121
第29课	竹枝词（其一）	124
第30课	赋得古原草送别	127

常识（三）　中国古代的格律诗 ………… **131**

第31课	问刘十九	133
第32课	过华清宫（其一）	136
第33课	清　明	140
第34课	江南春绝句	143

第35课　山　行	146
第36课　无　题	149
第37课　乐游原	154
第38课　虞美人	157
第39课　乌夜啼	161
第40课　浣溪沙	164
常识（四）　中国特殊的诗歌艺术形式——词	**167**
第41课　泊船瓜洲	169
第42课　饮湖上初晴后雨	173
第43课　题西林壁	176
第44课　江城子	179
第45课　水调歌头	184
第46课　夏日绝句	190
第47课　青玉案·元夕	194
第48课　丑奴儿·书博山道中壁	199
第49课　天净沙·秋思	202
第50课　石灰吟	205
第51课　己亥杂诗	209
附录　中国历代纪元表	**213**

第 1 课

关 雎

——《诗经·周南》

关关雎鸠①，在河之洲②。
窈窕淑女③，君子好逑④。

参差荇菜⑤，左右流之⑥。
窈窕淑女，寤寐求之⑦。

求之不得，寤寐思服⑧。
悠哉悠哉⑨，辗转反侧⑩。

参差荇菜，左右采之。
窈窕淑女，琴瑟友之⑪。

参差荇菜，左右芼之⑫。
窈窕淑女，钟鼓乐之⑬。

★ 拼 音

Guān guān jū jiū, zài hé zhī zhōu.
Yǎo tiǎo shū nǚ, jūn zǐ hǎo qiú.

读古诗 学汉语

Cēn cī xìng cài, zuǒ yòu liú zhī.
Yǎo tiǎo shū nǚ, wù mèi qiú zhī.

Qiú zhī bù dé, wù mèi sī fú.
Yōu zāi yōu zāi, zhǎn zhuǎn fǎn cè.

Cēn cī xìng cài, zuǒ yòu cǎi zhī.
Yǎo tiǎo shū nǚ, qín sè yǒu zhī.

Cēn cī xìng cài, zuǒ yòu mào zhī.
Yǎo tiǎo shū nǚ, zhōng gǔ yuè zhī.

注释

① 关关：鸟类雌雄相和的鸣声，后泛指鸟鸣声。雎鸠：水鸟名，会捕鱼。
② 洲：水中陆地。
③ 窈窕：娴静而美好。淑女：贤良而美好的女子。
④ 好逑：好的配偶。
⑤ 参差：高低长短不齐。荇菜：水生植物，嫩叶可食。
⑥ 流：寻求；择取。
⑦ 寤寐：醒来或梦中。
⑧ 思服：思念。
⑨ 悠哉：形容思念之情绵绵不断。
⑩ 辗转反侧：在床上翻来覆去。
⑪ 琴瑟友之：弹奏琴瑟亲近她。
⑫ 芼：择取。
⑬ 钟鼓乐之：敲击钟鼓使（淑女）愉悦。

英语注释

① 关关：the joint chirping sound of male and female birds. It refers to the chirping of birds later. 雎鸠：It's a name of one kind of water birds which can catch fish.

② 洲：a piece of land in the river
③ 窈窕：gentle and graceful. 淑女：a gentle and fair maiden
④ 好逑：a good spouse
⑤ 参差：uneven in height and length. 荇菜：name of a aquatic plant and the tender leaf of which is eatable
⑥ 流：to look for；to choose
⑦ 寤寐：to be awake or in a dream
⑧ 思服：to miss
⑨ 悠哉：to describe the continuity of the feeling of missing
⑩ 辗转反侧：to toss and turn in bed
⑪ 琴瑟友之：to play musical instrument to be friend with her
⑫ 芼：to choose
⑬ 钟鼓乐之：to play bell and drum to please (the gentle and fair maiden)

日语注释

① 关关：鳥類のオス、メスが相和する鳴き声。転じて鳥の鳴き声を指す。雎鸠：水鳥名。魚を捕るのを習しとする。
② 洲：水中の陸地。中州。
③ 窈窕：しとやかで美しい。淑女：善良で賢く美しい女性。
④ 好逑：よき伴侶。
⑤ 参差：長短そろわぬさま。荇菜：水生植物。若葉を食用に供す。
⑥ 流：求める。選ぶ。
⑦ 寤寐：目醒めているとき或は夢の中で。
⑧ 思服：思い慕う。
⑨ 悠哉：絶えず思い続けるさま。
⑩ 辗转反侧：ベッドで何度も寝返りを打つ。
⑪ 琴瑟友之：琴・瑟を弾きかの女性と懇ろになる。
⑫ 芼：選ぶ。
⑬ 钟鼓乐之：鐘鼓を叩き（淑女）を楽しませる。

读古诗 学汉语

한국어 注释

① 关关: 암수 새들이 서로 어울리는 울음소리. 雎鸠: 물새 이름, 고기를 잡을 수 있다.
② 洲: 수중 육지.
③ 窈窕: 얌전하고 아름답다. 淑女: 어질고 아름다운 여자.
④ 好逑: 좋은 배우자.
⑤ 参差: 높낮이와 길이가 일정 하지 않다. 荇菜: 수생 식물. 어린 잎은 먹을 수 있다.
⑥ 流: 바라다; 선택하다.
⑦ 寤寐: 잠에서 깨거나 혹은 꿈 속에서. 자나 깨나.
⑧ 思服: 그리워하다.
⑨ 悠哉: 그리워하는 마음이 끊임없이 이어지다.
⑩ 辗转反侧: 몸을 이리저리 뒤척이다.
⑪ 琴瑟友之: 금실을 연주하며 그녀에게 다가가다.
⑫ 芼: 선택하다.
⑬ 钟鼓乐之: 종과 북을 두드리며 (숙녀의) 호감을 얻다.

说 明

　　《关雎》是《诗经》的第一篇，是一首有名的情歌。雎鸠飞入河心的绿洲，引起河边小伙子的遐想：啊，那位河边采荇菜的姑娘，已经飞进我的心房；姑娘那美丽的身影，使我日夜思念；因为得不到她，使我"辗转反侧"，难以入睡。小伙子不断想象着得到这位姑娘以后的欢乐场面。诗歌生动地刻画了一个单相思的小伙子的内心世界，读起来如见其人。这种对爱情的直接、大胆的描写，具有中国民歌的鲜明特征，为以后的民歌创作开了个好头。

一、给下面拼音加声调、填写诗句并朗读

Guan guan ju jiu, zai he zhi zhou.

Yao tiao shu nü, jun zi hao qiu.

 Cen ci xing cai, zuo you liu zhi.

Yao tiao shu nü, wu mei qiu zhi.

Qiu zhi bu de, wu mei si fu.

You zai you zai, zhan zhuan fan ce.

Cen ci xing cai, zuo you cai zhi.

Yao tiao shu nü, qin se you zhi.

Cen ci xing cai, zuo you mao zhi.

Yao tiao shu nü, zhong gu yue zhi.

二、在括号内填上适当的字

1. 关（　　）雎鸠，在河之（　　）。

2. 窈窕（　　）女，（　　）（　　）好逑。

3. （　　）之不得，寤寐（　　）服。

4. 悠哉悠哉，辗转反（　　）。

三、解释下列词语在这首诗中的意思

1. 淑女：

2. 君子：

3. 参差：

四、解释下列诗句中"之"字的意思

1. 在河之洲：

2. 左右流之：

3. 寤寐求之：

1. 你理想的"爱人"（恋人）是什么样的？
2. 你知道《诗经》吗？如果知道，请简单介绍一下。
3. 中国古代有哪些朝代？说说给你印象最深的一个朝代。

4. 说说你对下面诗句或词语的理解。

窈窕淑女，君子好逑。　　　求之不得

千金易得，知音难求。　　　量小非君子

以小人之心，度君子之腹。　　红娘

两小无猜　　　　　　　　　青梅竹马

指腹为婚　　　　　　　　　媒妁之言

第 2 课

木 瓜①

——《诗经·卫风》

投我以木瓜，报之以琼琚②。
匪报也③，永以为好也④。

投我以木桃⑤，报之以琼瑶⑥。
匪报也，永以为好也。

投我以木李⑦，报之以琼玖⑧。
匪报也，永以为好也。

★ 拼 音

Tóu wǒ yǐ mù guā, bào zhī yǐ qióng jū.
Fěi bào yě, yǒng yǐ wéi hào yě.

Tóu wǒ yǐ mù táo, bào zhī yǐ qióng yáo.
Fěi bào yě, yǒng yǐ wéi hào yě.

Tóu wǒ yǐ mù lǐ, bào zhī yǐ qióng jiǔ.
Fěi bào yě, yǒng yǐ wéi hào yě.

注　释

① 木瓜：植物名，果实可食。
② 琼琚：精美的玉佩。
③ 匪：通"非"。报：报答。
④ 好：爱。
⑤ 木桃：果名，小于木瓜，味酸涩。
⑥ 琼瑶：美玉或美石。
⑦ 木李：又名"木梨"，果名。
⑧ 玖：似玉的浅黑色石头，古代用作佩饰。琼玖：泛指美玉。

英语注释

① 木瓜：name of a plant, the fruit of which is edible
② 琼琚：elegant jade
③ 匪：the same as "非", which means to be not. 报：to repay
④ 好：love
⑤ 木桃：name of a fruit, which is smaller than pawpaw and has an acid taste
⑥ 琼瑶：delegate jade or stone
⑦ 木李：another name for oblonga
⑧ 玖：jade-like stone of light black colour, which is used as a pendant in ancient times. 琼玖：usually to refer to delegate jade

日语注释

① 木瓜：植物名。食用の果物。
② 琼琚：精巧で美しい玉の装身具。
③ 匪："非"に通じる。报：報いる。
④ 好：愛する。
⑤ 木桃：果物名。木瓜より小さく、渋みと酸味を併せ持つ。
⑥ 琼瑶：美しい玉石。

⑦ 木李:「木梨」とも言う。果物名。
⑧ 玖: 玉に似た薄黒色の石。古代装身具に用いた。琼玖: 美しい玉を指すこともある。

韩语注释

① 木瓜: 모과. 식물 이름. 열매는 먹을 수 있다.
② 琼琚: 정교한 옥패.
③ 匪: 자와 "非"자는 서로 통용한다. 报: 보답하다.
④ 好: 사랑(하다).
⑤ 木桃: 목도. 열매 이름. 모과보다 작으며 맛이 시고 떫다.
⑥ 琼瑶: 미옥이나 미석.
⑦ 木李: 일명 "목배"라고도 한다. 열매 이름.
⑧ 玖: 옥같이 먹색 검회색 돌. 고대에 패물로 쓰다. 琼玖: 미옥을 두루 가리킨다.

说　明

　　这是一首表现青年男女互送礼物以表示永远相好的情歌。诗中主人公收到对方赠送的礼物后，以精美的玉佩回赠给对方，又怕对方不理解自己的心意，反复强调"匪报也，永以为好也"，这种爱情的大胆表露是以轻松自然的方式体现出来的。诗歌虽短，令人回味无穷。

第2课 木瓜

一、根据下面拼音写出诗句并朗读

Tóu wǒ yǐ mù guā, bào zhī yǐ qióng jū.

Fěi bào yě, yǒng yǐ wéi hào yě.

Tóu wǒ yǐ mù táo, bào zhī yǐ qióng yáo.

Fěi bào yě, yǒng yǐ wéi hào yě.

Tóu wǒ yǐ mù lǐ, bào zhī yǐ qióng jiǔ.

Fěi bào yě, yǒng yǐ wéi hào yě.

二、在括号内填上适当的字

1. （　　）我以木瓜，（　　）之以琼琚。

2. （　　）报也，（　　）以为好也。

3. 投我以（　　）桃，报之以（　　）瑶。

4. 投我（　　）木李，报（　　）以琼玖。

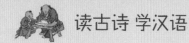

三、解释下列词语在这首诗中的意思

1. 木瓜：

2. 琼琚：

3. 匪：

4. 好：

5. 木桃：

6. 琼瑶：

1. 谈谈你学完这首诗的感受。
2. 说说你对下面诗句的理解。
   投我以木瓜，报之以琼琚。
   投我以木桃，报之以琼瑶。
   投我以木李，报之以琼玖。

第 3 课

步出夏门行（其四）

——〔魏〕曹 操

神龟虽寿①，犹有竟时；
腾蛇乘雾②，终为土灰。

老骥伏枥③，志在千里；
烈士暮年④，壮心不已。

盈缩之期⑤，不但在天；
养怡之福⑥，可得永年⑦。

幸甚至哉⑧，歌以咏志。

★ 拼 音

Shén guī suī shòu, yóu yǒu jìng shí;
Téng shé chéng wù, zhōng wéi tǔ huī.

Lǎo jì fú lì, zhì zài qiān lǐ;
Liè shì mù nián, zhuàng xīn bù yǐ.

Yíng suō zhī qī, bú dàn zài tiān;
Yǎng yí zhī fú, kě dé yǒng nián.

Xìng shèn zhì zāi, gē yǐ yǒng zhì.

注　释

① 神龟：古代传说的神龟，能活几千岁。
② 腾蛇：传说中像龙的神蛇，能兴云驾雾。
③ 骥：千里马。枥：马槽。
④ 烈士：有志之士，这里是作者自指。
⑤ 盈缩：长短，这里指人寿命的长短。
⑥ 养怡：指乐观的修养之道。
⑦ 永年：长寿。
⑧ 幸：庆幸。至：极。

英语注释

① 神龟：the tortoise in ancient legend which can live for thousands of years
② 腾蛇：the snake like a dragon in the legend, which can ride the clouds and harness the mists
③ 骥：swift horse. 枥：manger
④ 烈士：a person with lofty ideals, here referring to the author
⑤ 盈缩：length, here referring to life span
⑥ 养怡：the optimistic way of self-cultivation
⑦ 永年：longevity
⑧ 幸：luckily. 至：extremely

日语注释

① 神龟：古代の伝説上の霊亀、何千年に渡り生き続ける。
② 腾蛇：伝説上の龍のような蛇。雲や霧を操ることができる。
③ 骥：千里の馬。枥：馬小屋。
④ 烈士：大志を抱く者。ここでは作者自身を表す。
⑤ 盈缩：長短。ここでは寿命の長さを表す。
⑥ 养怡：よろこびを養うこと。

⑦ 永年：長寿。
⑧ 幸：幸いにも。至：至り。

> **韩语注释**

① 神龟：고대 전설에 나오는 거북이로 몇 천년을 살 수 있다고 한다.
② 腾蛇：전설에 나오는 신뱀으로 용의 형상을 닮았으며 구름과 안개를 타고 하늘을 날 수 있다고 한다.
③ 骥：천리마. 枥：말구유.
④ 烈士：유지인사(有志之士), 뜻 있는 사람. 여기서는 시인 자신을 가리킨다.
⑤ 盈缩：길이. 여기서는 수명의 길이를 가리킨다.
⑥ 养怡：낙관적인 수양의 도(道).
⑦ 永年：장수하다.
⑧ 幸：기쁘다. 至：극도로.

说　明

　　曹操是中国历史上著名的政治家、军事家，他在文学创作上也独树一帜，有二十多首乐府诗流传于世。《步出夏门行》是曹操率军北征乌桓时做的一组诗，又名《陇西行》，第四篇为《龟虽寿》。作者自比老马，虽已到暮年却壮心不已，表达了自己老当益壮、永不停步的精神面貌。

读古诗 学汉语

一、给下面拼音加声调、填写诗句并朗读

Shen gui sui shou, you you jing shi；

Teng she cheng wu, zhong wei tu hui.

Lao ji fu li, zhi zai qian li；

Lie shi mu nian, zhuang xin bu yi.

Ying suo zhi qi, bu dan zai tian；

Yang yi zhi fu, ke de yong nian.

Xing shen zhi zai, ge yi yong zhi.

二、把诗歌翻译成现代汉语

1. 说说曹操是怎样一个人。
2. 说说《三国演义》和《三国志》有什么不同。
3. 你知道哪些和三国有关的成语、故事?
4. 说说你对下面的诗句、词语或歇后语的理解。

老骥伏枥,志在千里。

说曹操曹操到　　　　　望梅止渴(画饼充饥)

猛张飞　　　　　　　　三足鼎立

三顾茅庐

徐庶进曹营——一言不发

周瑜打黄盖——一个愿打,一个愿挨

三个臭皮匠——顶个诸葛亮

刘备摔孩子——收买人心

第 4 课

归园田居（其三）①

——〔晋〕陶渊明

种豆南山下，草盛豆苗稀。
晨兴理荒秽②，带月荷锄归③。
道狭草木长，夕露沾我衣。
衣沾不足惜，但使愿无违④。

★ 拼 音

Zhòng dòu nán shān xià, cǎo shèng dòu miáo xī.

Chén xīng lǐ huāng huì, dài yuè hè chú guī.

Dào xiá cǎo mù cháng, xī lù zhān wǒ yī.

Yī zhān bù zú xī, dàn shǐ yuàn wú wéi.

注 释

① 归园田居：本题共五首，这里选其中一首。
② 晨兴：早起。理荒秽：清除杂草。
③ 带：一作"戴"。荷：肩扛。
④ 愿无违：不要违背了当初的志愿。作者的志愿，就是隐居乡村，不与官场上那些人同流合污。

英语注释

① 归园田居：There are altogether 5 poems for the same topic. Here we only select one of them.
② 晨兴：to get up early. 理荒秽：to get rid of the weeds
③ 带：Another version used "戴". 荷：to carry on with the shoulder
④ 愿无违：Don't be against the original will. The poet's will was to live in seclusion in the countryside because he did not want to associate himself with the evil elements of the official circle.

日语注释

① 归园田居：全五首の一。
② 晨兴：朝早く起きる。理荒秽：雑草をすっかり取り除く。
③ 带：一本「戴」に作る。荷：肩に担ぐ。
④ 愿无违：初志が裏切られる事のないよう願う。作者の願望とは田舎に隠遁し官界の俗吏らと交わりを絶つこと。

韩语注释

① 归园田居：동일한 주제에 대해 총 5 편의 시가 있다. 여기서 그 중 한 편의 시만 선택한다.
② 晨兴：일찍 일어나다. 理荒秽：잡초를 제거하다.
③ 带: 다른 버전에서는 "戴"라는 단어를 사용했다. 荷: 어깨에 짊어지다.
④ 愿无违：당시의 희망과 위배되지 말라. 시인의 바람은 바로 관직에 있는 못된 놈들과 한 패거리가 되지않고 농촌에 은거하는 것이었다.

说 明

陶渊明在四十一岁以前做过小官,后因不愿"为五斗米折腰"去服侍那些鱼肉百姓的权贵而辞官回家,过着自给自足的隐居生活。他自己种地,早出晚归,远离城市与官场,生活怡然自得。他写了很多有关劳动生活的诗歌,这首诗就是其中的一首。从这首诗中,我们可以看出诗人劳动后的快乐,而这种乐趣也正是诗人的美好愿望。这首诗和陶渊明的其他许多诗一样,含有诗人乐天知命的思想。

一、根据下面拼音写出诗句并朗读

Zhòng dòu nán shān xià, cǎo shèng dòu miáo xī.

Chén xīng lǐ huāng huì, dài yuè hè chú guī.

Dào xiá cǎo mù cháng, xī lù zhān wǒ yī.

Yī zhān bù zú xī, dàn shǐ yuàn wú wéi.

二、解释下列词语在这首诗中的意思

1. 盛：

2. 稀：

3. 晨兴：

4. 理：

5. 荷：

6. 不足惜：

7. 愿无违：

1. 你觉得陶渊明选择的"田园生活"有何魅力？说说你对田园生活的理解。
2. 说说你对下面诗句或词语的理解。
   衣沾不足惜，但使愿无违。
   田园生活
   不为五斗米折腰

第 5 课

饮酒（其五）①

——〔晋〕陶渊明

结庐在人境②，而无车马喧。
问君何能尔③，心远地自偏。
采菊东篱下，悠然见南山④。
山气日夕佳⑤，飞鸟相与还⑥。
此中有真意⑦，欲辨已忘言。

★ 拼 音

Jié lú zài rén jìng, ér wú chē mǎ xuān.

Wèn jūn hé néng ěr, xīn yuǎn dì zì piān.

Cǎi jú dōng lí xià, yōu rán jiàn nán shān.

Shān qì rì xī jiā, fēi niǎo xiāng yǔ huán.

Cǐ zhōng yǒu zhēn yì, yù biàn yǐ wàng yán.

注　释

① 饮酒：陶渊明作《饮酒》诗二十首，这里选其中一首。
② 结庐：建造住宅。
③ 尔：如此。
④ 悠然：自得的样子。
⑤ 日夕：傍晚。
⑥ 相与还：结伴而归。
⑦ 真意：人生真正的乐趣。

英语注释

① 饮酒：There are 20 poems for the same topic of *Yin Jiu* written by Tao Yuanming, and here we select one of them.
② 结庐：to build one's house
③ 尔：so
④ 悠然：the state of being quite at ease
⑤ 日夕：at dusk
⑥ 相与还：to come back in company
⑦ 真意：the real pleasure in life

日语注释

① 饮酒：陶淵明作「飲酒」全二十首の一。
② 结庐：粗末な家を立てる。
③ 尔：かくの如く。
④ 悠然：悠々自適する。
⑤ 日夕：夕方。
⑥ 相与还：連れ立って帰る。
⑦ 真意：人生の真の楽しみ。

韩语注释

① 饮酒：도연명은「음주」라는 주제로 시 20편을 지었는데 그 중 한 편을 선택하였다.
② 结庐：초가집을 짓다.
③ 尔：이러하다.
④ 悠然：스스로 만족하는 모습.
⑤ 日夕：저녁.
⑥ 相与还：벗과 함께 돌아가다.
⑦ 真意：인생의 진정한 재미.

说 明

这是陶渊明《饮酒》组诗中的一首。诗中描写了诗人远离城市、远离官场后的闲适心情。诗人独自欣赏着美好的自然景物，忘掉了尘世的一切烦恼，觉得自己在这里才真正找到了人生的乐趣。这首诗实际上也是诗人人生态度的一种表白。

一、根据下面拼音写出诗句并朗读

Jié lú zài rén jìng, ér wú chē mǎ xuān.

Wèn jūn hé néng ěr, xīn yuǎn dì zì piān.

Cǎi jú dōng lí xià, yōu rán jiàn nán shān.

Shān qì rì xī jiā, fēi niǎo xiāng yǔ huán.

Cǐ zhōng yǒu zhēn yì, yù biàn yǐ wàng yán.

二、解释下列词语在这首诗中的意思

1. 庐：

2. 喧：

3. 何能尔：

4. 偏：

5. 佳：

6. 欲：

1. 你怎么看待陶渊明？你对"做官"怎么看？对中国古人的隐居生活怎么看？
2. 你喜欢城市生活还是乡下生活？为什么？
3. 说说你对下面诗句或词语的理解。

   问君何能尔，心远地自偏。

   采菊东篱下，悠然见南山。

   世外桃源　　　　　　　与世无争

   解甲归田　　　　　　　隐士

第6课

木兰诗①

——《乐府诗集·横吹曲辞·梁鼓角横吹曲》

唧唧复唧唧②,木兰当户织。

不闻机杼声③,唯闻女叹息。

问女何所思?问女何所忆?

"女亦无所思,女亦无所忆。

昨夜见军帖④,可汗大点兵⑤。

军书十二卷⑥,卷卷有爷名。

阿爷无大儿,木兰无长兄。

愿为市鞍马⑦,从此替爷征。"

东市买骏马,西市买鞍鞯⑧。

南市买辔头⑨,北市买长鞭。

朝辞爷娘去⑩,暮宿黄河边。

不闻爷娘唤女声,但闻黄河流水鸣溅溅⑪。

旦辞黄河去⑫,暮至黑山头⑬。

不闻爷娘唤女声,但闻燕山胡骑声啾啾⑭。

万里赴戎机⑮,关山度若飞⑯。

朔气传金柝⑰，寒光照铁衣⑱。
将军百战死，壮士十年归⑲。
归来见天子，天子坐明堂⑳。
策勋十二转㉑，赏赐百千强。
可汗问所欲，"木兰不用尚书郎㉒。
愿借明驼千里足㉓，送儿还故乡。"
爷娘闻女来，出郭相扶将㉔。
阿姊闻妹来，当户理红妆。
小弟闻姊来，磨刀霍霍向猪羊。
开我东阁门，坐我西阁床。
脱我战时袍，著我旧时裳。
当窗理云鬓，对镜帖花黄㉕。
出门看火伴㉖，火伴皆惊忙：
"同行十二年，不知木兰是女郎。"
雄兔脚扑朔㉗，雌兔眼迷离㉘。
双兔傍地走㉙，安能辨我是雄雌？

★ **拼 音**

Jī jī fù jī jī, mù lán dāng hù zhī.

Bù wén jī zhù shēng, wéi wén nǚ tàn xī.

读古诗 学汉语

Wèn nǚ hé suǒ sī? Wèn nǚ hé suǒ yì?

"Nǚ yì wú suǒ sī, nǚ yì wú suǒ yì.

Zuó yè jiàn jūn tiě, kè hán dà diǎn bīng.

Jūn shū shí èr juàn, juàn juàn yǒu yé míng.

Ā yé wú dà ér, mù lán wú zhǎng xiōng.

Yuàn wèi shì ān mǎ, cóng cǐ tì yé zhēng."

Dōng shì mǎi jùn mǎ, xī shì mǎi ān jiān.

Nán shì mǎi pèi tóu, běi shì mǎi cháng biān.

Zhāo cí yé niáng qù, mù sù huáng hé biān.

Bù wén yé niáng huàn nǚ shēng, dàn wén huáng hé liú shuǐ míng jiān jiān.

Dàn cí huáng hé qù, mù zhì hēi shān tóu.

Bù wén yé niáng huàn nǚ shēng, dàn wén yān shān hú jì shēng jiū jiū.

Wàn lǐ fù róng jī, guān shān dù ruò fēi.

Shuò qì chuán jīn tuò, hán guāng zhào tiě yī.

Jiāng jūn bǎi zhàn sǐ, zhuàng shì shí nián guī.

Guī lái jiàn tiān zǐ, tiān zǐ zuò míng táng.

Cè xūn shí èr zhuàn, shǎng cì bǎi qiān qiáng.

Kè hán wèn suǒ yù, "mù lán bú yòng shàng shū láng.

Yuàn jiè míng tuó qiān lǐ zú, sòng ér huán gù xiāng."

Yé niáng wén nǚ lái, chū guō xiāng fú jiāng.

Ā zǐ wén mèi lái, dāng hù lǐ hóng zhuāng.

Xiǎo dì wén zǐ lái, mó dāo huò huò xiàng zhū yáng.

Kāi wǒ dōng gé mén, zuò wǒ xī gé chuáng.

Tuō wǒ zhàn shí páo, zhuó wǒ jiù shí cháng.

Dāng chuāng lǐ yún bìn, duì jìng tiē huā huáng.

Chū mén kàn huǒ bàn, huǒ bàn jiē jīng máng：

"Tóng xíng shí èr nián, bù zhī mù lán shì nǚ láng."

Xióng tù jiǎo pū shuò, cí tù yǎn mí lí.

Shuāng tù bàng dì zǒu, ān néng biàn wǒ shì xióng cí?

注 释

① 木兰：传说中女扮男装替父从军的女英雄。
② 唧唧：叹息声。
③ 机杼：指织布机。
④ 军帖：征兵的文书。
⑤ 可汗：古代西北各民族对其最高统治者的称呼。
⑥ 军书：征兵的名册。
⑦ 市：买。
⑧ 鞍鞯：马鞍和下面的垫子。
⑨ 辔头：拴马的笼头和缰绳。
⑩ 朝：一作"旦"，早晨。

⑪ 溅溅：流水声。

⑫ 旦：早晨。

⑬ 至：一作"宿"。黑山：山名。

⑭ 燕山：山名，在今河北省的北面。啾啾：马鸣声。

⑮ 赴戎机：奔赴战场。

⑯ 度：越过。

⑰ 朔气：北方的寒风。金柝：即刁斗，用铜制成，白天当锅，夜晚用来报更。这句是说寒风中传来敲击金柝的声音。

⑱ 铁衣：战士身上穿的铁甲。

⑲ 壮士：指木兰。

⑳ 明堂：古代帝王宣明政教的地方。

㉑ 策勋：记功。十二转：连升十二级。

㉒ 尚书郎：官名，历代官位高低不等。这里喻高官。

㉓ 明驼：即骆驼。

㉔ 郭：外城。相扶将：互相搀扶。

㉕ 帖花黄：妇女粘贴或涂抹的面饰。帖，通"贴"。

㉖ 火伴：同伍的士兵。火，通"伙"。

㉗ 扑朔：跳跃的样子。这句是说雄兔好动。

㉘ 迷离：模糊不清的样子。

㉙ 傍地走：一起并排跑。

英语注释

① 木兰：the heroine who disguised as a man joined the army in the name of her father in the folk tale

② 唧唧：the sound of sighing

③ 机杼：to refer to the weaving machine

④ 军帖：the official dispatch for conscription

⑤ 可汗：a title used to address to the superior ruler among the nationalities in the northwest of China in ancient times

⑥ 军书：a name list for conscription
⑦ 市：to buy
⑧ 鞍鞯：the saddle and the small piece of mat used under the saddle
⑨ 辔头：reins and bridle
⑩ 朝：morning. Another version used "旦".
⑪ 溅溅：the sound of flowing water
⑫ 旦：morning
⑬ 至：Another version used "宿". 黑山：name of a mountain
⑭ 燕山：name of a mountain which is in the north of Hebei Province. 啾啾：the sound of neigh
⑮ 赴戎机：to go to the battlefield
⑯ 度：to overpass
⑰ 朔气：the cold wind from the north. 金柝：copper-made instrument which in daytime can be used as cauldron and at night can be used to sound the watches. The whole sentence is to say that you can hear the sound of the night watches through the cold wind.
⑱ 铁衣：the iron coat of mail worn by soldiers
⑲ 壮士：to refer to Mulan
⑳ 明堂：the place where in ancient times emperors used to declare their ruling policy
㉑ 策勋：to record as an exploit. 十二转：to be promoted by twelve levels
㉒ 尚书郎：name of an official, here used to refer to high officials
㉓ 明驼：to refer to a camel
㉔ 郭：the out city. 相扶将：to support each other by the arms
㉕ 帖花黄：the ornamental material which women put on their faces. 帖：the same as "贴"
㉖ 火伴：fellow soldiers. 火：the same as "伙"
㉗ 扑朔：the state of jumping. This sentence is to say that the male hare is fond of jumping.
㉘ 迷离：the state of being unclear
㉙ 傍地走：to run side by side

读古诗 学汉语

日语注释

① 木兰：父に代り男装し、従軍した伝説上の女傑。
② 唧唧：ため息。
③ 机杼：織機。
④ 军帖：徴兵文書。
⑤ 可汗：古代西北各民族の首領に対する呼称。
⑥ 军书：徴兵名簿。
⑦ 市：買う。
⑧ 鞍鞯：鞍とその下の敷物。
⑨ 辔头：くつわと手綱。
⑩ 朝：一本「旦」に作る。早朝。
⑪ 溅溅：水の流れる音。
⑫ 旦：早朝。
⑬ 至：一本「宿」に作る。黑山：山の名。
⑭ 燕山：山の名。今の河北省のにある。啾啾：馬のいななき。
⑮ 赴戎机：戦場へ馳せ参じる。
⑯ 度：越える。
⑰ 朔气：冷たい北風。金柝：古代の野戦用炊事がま；昼間は炊事に用い、夜間は警報と時報に打ち鳴らした。この句は寒風の中「金柝」を打ち鳴らす音が伝わって来るの意。
⑱ 铁衣：兵士の鉄制鎧。
⑲ 壮士：木蘭を指す。
⑳ 明堂：古代の帝王が政務を執り行なった御殿。
㉑ 策勋：叙勲。十二转：一足飛びに十二級升級する。
㉒ 尚书郎：官名。歴代官位の高低には多少違いがある。ここは高官位を指す。
㉓ 明驼：ラクダ。
㉔ 郭：城廓。相扶将：互いに手を引き合う。
㉕ 帖花黄：化粧用飾りものの一種。帖："贴"に通じる。
㉖ 火伴：同じ隊伍の兵士。火："伙"に通じる。
㉗ 扑朔：跳びはねるさま。この句はオス兎のように活発なさまを言う。

㉘ 迷离：はっきり見えないさま。
㉙ 傍地走：地を這うように走る。

韩语注释

① 木兰：전설에 따르면 남장을 하고 아버지 대신 군대에 간 여자 영웅이다.
② 唧唧：탄식 소리.
③ 机杼：베틀.
④ 军帖：징병 공문서.
⑤ 可汗：고대 중국 서북 각 민족 군주의 칭호.
⑥ 军书：징병 명단.
⑦ 市：(물건을) 사다.
⑧ 鞍鞯：말 안장과 매트.
⑨ 辔头：(말의) 고삐와 재갈.
⑩ 朝：아침, 또 다른 버전은 "旦"을 사용했다.
⑪ 溅溅：물 흐르는 소리.
⑫ 旦：아침.
⑬ 至：다른 버전은 "宿"을 사용했다. 黑山：산의 이름.
⑭ 燕山：산의 이름. 지금 하북성 북쪽에 있다. 啾啾：말의 울음 소리.
⑮ 赴戎机：싸움터로 달려가다.
⑯ 度：넘어가다.
⑰ 朔气：북방의 찬바람. 金柝：금탁. 옛날 군대에서 낮에는 솥으로 사용하고, 밤에 순찰할 때 치는 기구. 이 문장은 금탁 치는 소리가 차가운 바람을 통해 전해져 온다는 것을 뜻한다.
⑱ 铁衣：전사들이 입는 철갑(옷).
⑲ 壮士：뮬란을 가리킨다.
⑳ 明堂：고대 제왕이 공개적으로 정치와 교육을 진행했던 곳.
㉑ 策勋：공적을 기록하다. 十二转：연이어 12 등급 승격되다.
㉒ 尚书郎：관명, 역대 관직의 높고 낮음이 달랐다. 여기서는 고위 관리를 가리킨다.
㉓ 明驼：낙타.
㉔ 郭：외성. 相扶将：서로 부축하다.
㉕ 帖花黄：여자들이 얼굴에 붙이거나 바르는 얼굴 장식(액세서리). 帖：

"贴"와 같음.

㉖ 火伴: 같은 부대의 병사. 火: "火"와 같음.

㉗ 扑朔: 뛰어오르는 모습. 이 문장은 숫토끼가 잘 뛰어다니는 모습을 뜻한다.

㉘ 迷离: (눈이 흐려) 앞을 잘 못보는 모습.

㉙ 傍地走: 땅에 붙어서 달리다.

  ··

　　这是一首长篇叙事诗,为我们讲述了一个女扮男装、替父从军的动人故事。诗中的女主人公木兰,是一个聪明、勇敢的女子,为了一家老小,她毅然女扮男装,替父亲上了战场。在前方,她英勇杀敌,屡立战功,驰骋疆场多年,竟没有一个同伴发现她是女子。当功成名就时,她又谢绝了高官厚禄,回到自己的家乡。诗歌刻画了一个北方民族女英雄的形象,而语言却轻松活泼,充满乐观情绪。木兰从军成为在中国流传很广的故事。

一、根据下面拼音写出诗句并朗读

1. Jī jī fù jī jī, mù lán dāng hù zhī.

2. Bù wén jī zhù shēng, wéi wén nǚ tàn xī.

3. Zhāo cí yé niáng qù, mù sù huáng hé biān.

4. Dàn cí huáng hé qù, mù zhì hēi shān tóu.

5. Wàn lǐ fù róng jī, guān shān dù ruò fēi.

6. Jiāng jūn bǎi zhàn sǐ, zhuàng shì shí nián guī.

7. Yuàn jiè míng tuó qiān lǐ zú, sòng ér huán gù xiāng.

8. Tuō wǒ zhàn shí páo, zhuó wǒ jiù shí cháng.

9. Chū mén kàn huǒ bàn, huǒ bàn jiē jīng máng：

"Tóng xíng shí èr nián, bù zhī mù lán shì nǚ láng."

10. Shuāng tù bàng dì zǒu, ān néng biàn wǒ shì xióng cí?

二、解释下列诗句中加点词语的意思

1. 不闻机杼声，唯闻女叹息。
2. 问女何所思，问女何所忆？
3. 女亦无所思，女亦无所忆。
4. 阿爷无大儿，木兰无长兄。
5. 愿为市鞍马，从此替爷征。
6. 东市买骏马，西市买鞍鞯。
7. 朝辞爷娘去，暮宿黄河边。
8. 万里赴戎机，关山度若飞。

9. 爷娘闻女来，出郭相扶将。

10. 雄兔脚扑朔，雌兔眼迷离。双兔傍地走，安能辨我是雄雌？

1. 在古代，你们国家的女人可以从军吗？你知道哪些女英雄的故事或者传说？
2. 这首诗写了木兰替父从军的故事，你怎么看待"孝顺"？
3. 中国古代的"乐府"是什么地方？
4. 说说你对下面词语的理解。

花木兰

不让须眉　　　　半边天

女汉子　　　　　女强人

职业妇女　　　　铁娘子

第 7 课

送杜少府之任蜀州 ①

——〔唐〕王 勃

城阙辅三秦②，风烟望五津③。

与君离别意，同是宦游人④。

海内存知己，天涯若比邻⑤。

无为在歧路，儿女共沾巾⑥。

★ 拼 音

Chéng què fǔ sān qín, fēng yān wàng wǔ jīn.

Yǔ jūn lí bié yì, tóng shì huàn yóu rén.

Hǎi nèi cún zhī jǐ, tiān yá ruò bǐ lín.

Wú wéi zài qí lù, ér nǔ gòng zhān jīn.

注 释

① 杜少府：作者的杜姓友人，官居县尉，少府是县尉的尊称。之任：赴任。蜀州：一作"蜀川"。
② 城阙：指长安城。三秦：泛指长安附近的关中之地，古代秦国之地。这句是说长安城以三秦为辅，宏伟壮观。
③ 五津：指蜀中五个渡口。这句是说遥望友人所去之处，只见风烟迷茫。

④ 宦游：为了做官而离家在外。
⑤ 比邻：紧挨着居住的邻居。
⑥ 无为：不用；用不着。歧路：岔路，指分手之处。这两句是说，不要效儿女之情，在分手时泪湿佩巾。

英语注释

① 杜少府：a friend whose last name is Du and whose official position is county officer. "少府" is the special name for county officer. 之任：to go to fulfill one's career. 蜀州：Another version used "蜀川".
② 城阙：to refer to Chang'an. 三秦：to indicate the around areas of Chang'an which belonged to the territory of Qin in ancient times. This sentence is to say that based on San Qin areas, Chang'an is very magnificent.
③ 五津：to refer to the five ferries in the middle part of Shu. This sentence is to say that looking at the place where the friend has gone from afar, the author can see only wind and smoke.
④ 宦游：to leave home for an official post
⑤ 比邻：neighbor
⑥ 无为：no need. 歧路：branch way, here referring to the farewell place. This sentence means that it should not act like youth tearing the kerchief wet at separating time.

日语注释

① 杜少府：作者の「杜」という友人。「県尉」（検察、警察を指揮する職）の官職にあった。少府は「県尉」の尊称。之任：赴任する。蜀州：一本「蜀川」に作る。
② 城闕：長安の都を指す。三秦：長安付近の関中の地。古代、秦の国があった。この句は長安の都が三秦を輔翼となし雄大で壮観なさま。
③ 五津：蜀の五ケ所の渡し場を指す。このを句は友人の赴く所を眺めると遙かにかすんで茫渺としているの意。
④ 宦游：官吏となるために故郷を離れる。

⑤ 比邻：隣り合せ。
⑥ 无为：〜するには及ばない。歧路：わかれ道。別れの場所。この二句は女・子どものように、別れの時に涙で巾をうるおすようなことはすまい。

韩语注释

① 杜少府：작자의 두 씨 성을 가진 친구는 현위라는 관직을 가지고 있었다．소부는 현위의 대한 존칭이다．之任：부임하다．蜀州：다른 버전은 "蜀川"을 사용했다．
② 城阙：장안성을 가리킨다．三秦：장안 부근의 관중 땅, 고대 진나라의 땅을 가리킨다．이 문장은 장안성이 관중 지역을 기반으로 하여 그 풍경이 웅장하며 장엄하다는 것을 뜻한다．
③ 五津：촉(蜀)나라의 다섯 개의 나루터를 가리킨다．이 문장은 먼 발치에서 친구가 가는 곳을 바라보지만 바람과 안개가 자욱하다는 것을 뜻한다．
④ 宦游：벼슬을 하려고 집을 떠나다．
⑤ 比邻：근린．
⑥ 无为：~ 할 필요가 없다．歧路：갈림길．헤어진 곳을 가리킨다．이 문장은 남녀가 헤어질 때 흘리는 눈물이 스카프를 적시는 것처럼 하지 말라는 것을 뜻한다．

说明

这是一首有名的赠别诗，诗中表现出主人公送别朋友时的宽广胸怀。"海内存知己，天涯若比邻。"既然我们是相互了解的知己，那么即使远隔千山万水，我们仍会像邻居那样亲密，所以我们用不着像情人分手那样儿女情长。正是因为有了上面所引的两句，这首诗成为历史上的名篇，万古流传。

读古诗 学汉语

一、根据下面拼音写出诗句并朗读

Chéng què fǔ sān qín, fēng yān wàng wǔ jīn.

Yǔ jūn lí bié yì, tóng shì huàn yóu rén.

Hǎi nèi cún zhī jǐ, tiān yá ruò bǐ lín.

Wú wéi zài qí lù, ér nǚ gòng zhān jīn.

二、解释下列词语在这首诗中的意思

1. 辅：

2. 津：

3. 君：

4. 离别意：

5. 宦游人：

6. 海内：

7. 存：

8. 知己：

9. 若比邻：

10. 无为：

11. 沾巾：

思考与表述

1. 说说你在送别朋友时的感受。
2. 介绍一次你记忆深刻的"送别"。
3. 说说你对下面诗句或短语的理解。

   海内存知己,天涯若比邻。

   远亲不如近邻

第8课

登幽州台歌①

——〔唐〕陈子昂

前不见古人②，后不见来者③。
念天地之悠悠④，独怆然而涕下⑤。

★ 拼 音

Qián bú jiàn gǔ rén, hòu bú jiàn lái zhě.

Niàn tiān dì zhī yōu yōu, dú chuàng rán ér tì xià.

注 释

① 幽州台：即蓟北楼，有古燕国遗迹。在今北京市北郊。
② 古人：前代贤才。
③ 来者：后代贤才。
④ 悠悠：辽阔无际；久远。
⑤ 怆然：悲伤的样子。

英语注释

① 幽州台：It refers to Jibei Lou, where there are relics of the ancient country of Yan, lying in the northern suburb of Beijing.
② 古人：talented people of the ancients
③ 来者：people of virtue of the coming generations

④ 悠悠：extensive and remote
⑤ 怆然：the state of being sad and sorrowful

日语注释

① 幽州台：蓟北楼のこと。古代燕国の遺跡がある。現在の北京市北部にある。
② 古人：過去の賢才。
③ 来者：後世の賢才。
④ 悠悠：広漠として果てしない。悠久な。
⑤ 怆然：悲しむさま。

韩语注释

① 幽州台：계북루. 고대 연(燕)나라의 유적이 있다. 오늘 날의 베이징시 북쪽 교외에 위치한다.
② 古人：전대의 현명한 인재.
③ 来者：후대의 현명한 인재.
④ 悠悠：끝없이 넓다. 까마득히 멀다.
⑤ 怆然：슬픈 모습.

说 明

　　陈子昂是初唐著名诗人，这首诗是他登上幽州台这座古建筑时写的。诗人回想过去，联想现实，展望未来，产生无穷的感慨：过去的贤人都已经不见了，后来的贤人也没出现，自己虽有一身才能却不被人理解，感到无比的孤独和苦闷，以致伤心落泪。诗的语调低沉，有一种伤感的情绪。

读古诗 学汉语

一、给下面拼音加声调、填写诗句并朗读

Qian bu jian gu ren, hou bu jian lai zhe.

Nian tian di zhi you you, du chuang ran er ti xia.

二、解释下列词语在这首诗中的意思

1. 悠悠：

2. 怆然：

1. 古代燕国是现在的什么地方？北京大学为什么又叫燕园？
2. 说说你对下面诗句的理解。
   前不见古人，后不见来者。

第 9 课

咏 柳

——〔唐〕贺知章

碧玉妆成一树高①,万条垂下绿丝绦②。
不知细叶谁裁出,二月春风似剪刀。

★ 拼 音

Bì yù zhuāng chéng yí shù gāo, wàn tiáo chuí xià lǜ sī tāo.

Bù zhī xì yè shuí cái chū, èr yuè chūn fēng sì jiǎn dāo.

读古诗 学汉语

注　释

① 碧玉：指柳树碧绿如绿色的玉石一般。这句是说一树绿柳，高高地挺立在那里，像是用碧玉装饰而成的。另一说，碧玉是古代一小户人家出身的美女，婀娜多姿的柳树好似碧玉那凝妆而立的身姿。
② 丝绦：丝带。这里形容柳条。

英语注释

① 碧玉：It refers to a green willow tree which was as green as jasper. The whole sentence means that the tall green willow tree was standing there and the branches seemed to be decorated with jasper. Another version is that Biyu was a beauty from an ordinary family in ancient China, and the willow tree was just like the slender and graceful figure of Biyu.
② 丝绦：silk ribbon, referring to willow branches here

日语注释

① 碧玉：柳の緑が緑色の玉のように美しいさま。この句は一本の青々としに柳の木がそこにすっくと立つさまは緑色の玉で着飾ったようだの意。一説には「碧玉」には旧時貧家の愛くるしい娘の意味があり、たおやかで美しい柳を化粧を凝らした貧家の美少女に喩えるとも言う。
② 丝绦：絹のリボン。柳の葉の形容。

韩语注释

① 碧玉：버드나무가 푸른 옥과 같이 푸르르다. 이 문장은 푸른 버드나무가 마치 푸른 옥으로 장식된 것처럼 그 곳에 우뚝 서있는 것을 뜻한다. 다른 버전은 "碧玉"가 고대 중국의 일반 가정 출신의 미녀이며, 우아한 자태의 버드 나무는 "碧玉"의 곱고 아름다운 자태라고 말한다.
② 丝绦：명주 끈. 여기서는 버드나무 가지를 가리킨다.

这是一首咏柳的佳作,写出了春天柳树的身姿。春天到来的时候,柳树变绿,像一座座碧玉雕成的美女形象,披上了一条条绿色的丝带。最后两句描写十分奇特:诗人把细长秀美的柳叶,说成是二月春风裁剪后的佳作,比喻形象而又生动。这首诗也因此而流传于万千之家,表现出了强大的生命力。

一、给下面拼音加声调、填写诗句并朗读

Bi yu zhuang cheng yi shu gao, wan tiao chui xia lü si tao.

Bu zhi xi ye shui cai chu, er yue chun feng si jian dao.

二、解释下列词语在这首诗中的意思

1. 妆:

2. 裁:

读古诗 学汉语

思考与表述

1. 柳树在古诗中经常出现，说说你对它的印象。
2. 说说你对下面诗句的理解。
   不知细叶谁裁出，二月春风似剪刀。

第 10 课

回乡偶书（其一）①

——〔唐〕贺知章

少小离家老大回，乡音无改鬓毛衰②。
儿童相见不相识，笑问客从何处来。

★ 拼 音

Shào xiǎo lí jiā lǎo dà huí, xiāng yīn wú gǎi bìn máo shuāi.

Ér tóng xiāng jiàn bù xiāng shí, xiào wèn kè cóng hé chù lái.

读古诗 学汉语

注　释

① 回乡偶书：本题共两首，这里选其中一首。
② 无改：一作"难改"。衰：指人老时鬓发逐渐疏落。

英语注释

① 回乡偶书：There are two poems under the same topic, and here we only select one of them.
② 无改：Another version used "难改". 衰：to indicate that the hair gradually get white and thin because of old age

日语注释

① 回乡偶书：二首のうちの一首。
② 无改：「难改」とする版本もある。衰：年老いて鬢や髪の毛が次第に白くまばらになること。

韩语注释

① 回乡偶书：동일한 주제에 대해 총 2 편의 시가 있다. 여기서 그 중 한 편의 시만 선택한다.
② 无改：다른 버전은 "难改"을 사용했다. 衰：사람이 늙을 때 귀밑 머리가 점점 빠지는 것을 가리킨다.

说　明

　　这首诗写的是诗人因年纪大而辞官告老还乡时的真实情况。多年没有回家乡了，如今，虽然乡音没有改变，头发却早已脱落不少。乡里的孩子不认识他，把他看作客人，这使诗人百感交集。这首诗写得真实自然，生动有趣。

一、给下面拼音加声调、填写诗句并朗读

Shao xiao li jia lao da hui, xiang yin wu gai bin mao shuai.

Er tong xiang jian bu xiang shi, xiao wen ke cong he chu lai.

二、解释下列词语在这首诗中的意思

1. 少小：

2. 相识：

1. 谈谈你对家、家乡、国家的认识。
2. 有人想远离家乡，有人想回到家乡，你怎么看？
3. 说说你对下面这些语句的理解。

    树高千丈，叶落归根。

    金窝银窝，不如自己的狗窝。

    在家千日好，出门一时难。

常识（一） 中国最早的诗歌总集——《诗经》

《诗经》是中国最早的一部诗歌总集，收集了中国西周初年至春秋中叶（公元前11世纪至公元前6世纪）流传各地的诗歌，除去只有标题、没有内容的6篇，流传至今的共305篇。

《诗经》在内容上分为《风》《雅》《颂》三个部分。《风》是周代各地的歌谣；《雅》是周人的正声雅乐，又分《小雅》和《大雅》；《颂》是周王庭和贵族宗庙祭祀的乐歌，又分为《周颂》《鲁颂》和《商颂》。

《诗经》的作者绝大部分已经无从考证，据说周朝有采诗之官，每年春天深入民间收集各地歌谣，整理后交给负责音乐的官员谱曲，演唱给周天子听，作为施政的参考，比如十五国风，都没有记录诗歌作者的姓名。

《诗经》的内容丰富，有的诗歌表现爱情，像《静女》《柏舟》《将仲子》《狡童》《大车》《采葛》等；有的诗歌表现劳动与生活，像《七月》《溱洧》等；有的诗歌表现劳动人民对压迫的控诉，像《硕鼠》《伐檀》等；还有的表现战争与徭役、风俗与婚姻、祭祖与宴会，甚至天象、地貌、动物、植物等方方面面，是周朝社会生活的一面镜子。

赋、比、兴的运用，是《诗经》艺术特征的重要标志。赋就是铺陈直叙，即诗人把思想感情及有关事物平铺直叙地表达出来；比就是借一个事物来作比喻；兴则是触物兴词，客观事物触发了诗人的情感，引起诗人歌唱，所以大多在诗歌的发端。赋、比、兴三种手法，在诗歌创作中，往往交相使用，共同创造了诗歌的艺术形象，抒发诗人的情感。

孔子对《诗经》有很高的评价，据传《诗经》是孔子编订的。在《论语》中，多处提到《诗经》，孔子曾说："诗三百，一言以蔽之，思无邪。"甚至说："不学诗，无以言。"

第 11 课

登鹳雀楼①

——〔唐〕王之涣

白日依山尽，黄河入海流。
欲穷千里目②，更上一层楼③。

★ 拼 音

Bái rì yī shān jìn, huáng hé rù hǎi liú.

Yù qióng qiān lǐ mù, gèng shàng yì céng lóu.

读古诗 学汉语

注　释

① 鹳雀楼：在山西蒲州（今山西省永济市）西南城上。楼有三层，面对中条山，下临黄河，时有鹳雀栖息楼上，故名鹳雀楼。雀：一作"鹊"。
② 穷：尽。这句是说，要想看得更远。
③ 更：再。

英语注释

① 鹳雀楼：on the southwest city wall of Puzhou (today is the city of Yongji in Shanxi Province). The building has three floors and is opposite to Mount Zhongtiao. The Yellow River runs below it. From time to time there are sparrows and storks stopping there to have a rest, and the name of the building was so come into being. 雀：Another version used "鹊".
② 穷：to end. The sentence is to say that "If you want to see the sight in distance".
③ 更：again

日语注释

① 鹳雀楼：山西蒲州（今の山西省永済市）の西南部城壁にある三層の楼。東南に中條山，眼下に黄河を望名勝。コウノトリが巣をかけたところから名づけられた。雀：一本「鹊」に作る。
② 穷：尽きる。この句は「更に遠くを見ようと思えば」の意。
③ 更：さらに、もっと。

韩语注释

① 鹳雀楼：산서성 포주（오늘 날의 산서성 영제시）서남성에 위치한다. 건물은 총 3층으로, 중조산（中条山）을 마주하고 아래에는 황하（黄河）가 흐르고 있다. 가끔 황새가 건물에서 서식하기 때문에 황새루 라 명하게 되었다. 雀：다른 버전은 "鹊"을 사용했다.

② 穷: 다하다. 이 문장은 "더 먼 곳을 보고 싶어하다"는 것을 뜻한다.
③ 更: 다시.

说 明

　　这首诗写得很有气势。诗人登鹳雀楼远望，只见远方的太阳正从山边落下，黄河之水波涛汹涌，流向大海。这是多么壮观的情景啊！可这还不够，如果你想看到更远的地方，那么，请你再上一层楼吧！全诗仅四句，既写了景，又抒了情，是一篇不可多得的艺术精品。

一、给下面拼音加声调、填写诗句并朗读

Bai ri yi shan jin, huang he ru hai liu.

Yu qiong qian li mu, geng shang yi ceng lou.

二、解释下列词语在这首诗中的意思

1. 白日：

2. 依：

3. 穷：

读古诗 学汉语

1. 你去中国哪些地方旅游过？介绍一个你最喜欢的地方。
2. 你觉得中国人选择旅游地时一般有哪些特点？
3. 说说你对下面这些语句的理解。

　　欲穷千里目，更上一层楼。

　　读万卷书，行万里路。

第12课

凉州词（其一）①

——〔唐〕王之涣

黄河远上白云间，一片孤城万仞山②。
羌笛何须怨杨柳③，春风不度玉门关④。

★ 拼 音

Huáng hé yuǎn shàng bái yún jiān, yí piàn gū chéng wàn rèn shān.

Qiāng dí hé xū yuàn yáng liǔ, chūn fēng bú dù yù mén guān.

注 释

① 凉州词：唐代乐府曲名，最初以唱凉州一带边塞生活得名。题又作《出塞》。全诗共两首，这里选其中一首。
② 仞：古人八尺或七尺叫作一仞。万仞山：形容极高的山。
③ 羌笛：一种乐器，出自羌中地区。何须：何必；何用。杨柳：柳树，古时有折柳送别的习俗（"柳"谐"留"音）。
④ 玉门关：关名，汉代设置，在凉州境内，今甘肃省敦煌西边。最后两句是说，玉门关外荒凉寒冷，寥寥几棵杨柳也得不到春风的抚慰，因此，不须吹笛埋怨杨柳给人带来的愁思。

读古诗 学汉语

英语注释

① 凉州词：topic for the *Yuefu* of Tang dynasty, which originally got its name by describing the life of frontier fortress of Liang Zhou. *Chu Sai* is another topic. There are two poems for this topic, and here we select one of them.

② 仞：In ancient times, 7 or 8 *Chi* (1 *Chi* equals to 1/3 meter) equals to 1 *Ren*. 万仞山：very high mountain

③ 羌笛：a kind of musical instrument, which was originated in the middle part of Qiang area. 何须：It is not necessary to... 杨柳：willow. It was a custom in ancient times that people snapped off the twig when seeing their friends off (because the pronunciation of "柳" is similar to "留").

④ 玉门关：the name of a pass which was built during Han dynasty in the territory of Liang Zhou, located in the west of Dunhuang in Gansu Province now. The last sentence is to say that since it is desolate and cold outside the Yumen Pass, there is no need to play the flute to complain about the sadness brought by the willow.

日语注释

① 凉州词：唐代の楽府の曲名。最初凉州一帯の辺境の生活を詠っ所からこの名がある。「出塞」と作る版本もある。全詩二首からなるうちの一首。

② 仞：古代では八尺或は七尺を一仞とした。万仞山：極めて高い山の喩え。

③ 羌笛：羌中地域から出た笛。何须：〜する必要はない。杨柳：柳の木。古代に柳の枝を折り別れを惜しむ風習があった。「柳」と「留（客を留める）」は同音。

④ 玉门关：関所の名。漢代に設置され凉州の地にあった。今の甘肅省敦煌の西部。後半の二句は玉門関の外は荒涼とした寒風吹きすさぶ地で、微々たる柳の木も暖かい春風の恩恵を受けるべくもない。だから笛を吹いてそうした憂いを怨んでもしかたない。

韩语注释

① 凉州词：당대（唐代）악부의 곡명. 원래 량주 일대의 변방지역 생활을 묘사하여 얻은 곡명이다. 혹은 "出塞" 라고 부르기도 한다. 이 주제에 대한 총 두 곡 중 하나를 선택하였다.
② 仞：옛 사람은 8자（尺）혹은 7자（尺）를 1인（仞）이라 칭하였다. 万仞山：아주 높은 산.
③ 羌笛：강중지역에서 유래된 악기의 일종. 何须：…할 필요가 없다. 杨柳：버드나무. 옛날에는 버드나무 가지를 꺾어 배웅하는 풍습이 있었다（"柳"의 발음이 "留"와 비슷하기 때문에）.
④ 玉门关：위먼관. 한대（汉代）량주 지역 내（오늘의 감숙성 둔황 서쪽）에 설치되었다. 마지막 문장은 황량하고 추운 위먼관 밖에 몇 안되는 버드나무 역시 봄바람의 위안을 받지 못하기에 당적（笛子）을 연주하며 버드나무가 가져온 슬픔을 원망할 필요가 없다는 것을 뜻한다.

说 明

诗人王之涣的一生，大部分是在漫游中度过的，因此他的诗也多为写景诗。这首《凉州词》就是描写玉门关外的风景的。诗歌勾画了塞外的广阔与苍凉，在这里难以见到春天的景象。只要看看这里的情景，就足以勾起人们的愁思。这首诗语言悲壮，令人感动。

一、给下面拼音加声调、填写诗句并朗读

Huang he yuan shang bai yun jian, yi pian gu cheng wan ren shan.

读古诗 学汉语

Qiang di he xu yuan yang liu, chun feng bu du yu men guan.

二、解释下列词语在这首诗中的意思

1. 间：

2. 孤：

3. 怨：

4. 度：

1. 说说你所了解的玉门关外的风景。
2. 体会诗句如何情景相连，引起愁思。
3. 说说你对下面诗句的理解。
   　羌笛何须怨杨柳，春风不度玉门关。

第 13 课

春 晓①

——〔唐〕孟浩然

春眠不觉晓,处处闻啼鸟。
夜来风雨声,花落知多少②?

★ 拼 音

Chūn mián bù jué xiǎo, chù chù wén tí niǎo.

Yè lái fēng yǔ shēng, huā luò zhī duō shǎo?

读古诗 学汉语

注　释

① 晓：天亮。
② 最后两句是说，昨夜听到风声雨声，该有多少花被吹落呢？

英语注释

① 晓：daybreak
② The last sentence is to say that "How many flowers would have fallen, since I heard the rain and wind last night".

日语注释

① 晓：夜明け。
② 終りの二句はゆうべは風雨の音がしていたが、花はどれほど散ったかしらの意。

韩语注释

① 晓：날이 밝다.
② 마지막 문장은 "어제 밤 비와 바람 소리를 들었다. 얼마나 많은 꽃들이 떨어졌을까？"를 뜻한다.

说　明

　　这是一首清新的小诗。诗的前两句，给人的感觉是主人公贪睡，当他一觉醒来时，天已大亮，耳边传来百鸟的叫声。再看后两句，哦，不对，主人公听到了昨夜的风雨声，他一定是没睡好觉。现在醒来，第一个感觉就是，昨夜的风雨到底吹落了多少花朵呢？看来，这一定也是个爱花人。由于这首诗的语言清新自然，通俗易懂，成为家喻户晓的不朽之作。

一、根据下面拼音写出诗句并朗读

Chūn mián bù jué xiǎo, chù chù wén tí niǎo.

Yè lái fēng yǔ shēng, huā luò zhī duō shǎo?

二、解释下列词语在这首诗中的意思

1. 晓：

2. 闻：

1. 谈谈你学完这首诗的感受。
2. 说说你对下面诗句的理解。
   春眠不觉晓，处处闻啼鸟。

第 14 课

黄鹤楼①

——〔唐〕崔 颢

昔人已乘黄鹤去②,此地空余黄鹤楼。

黄鹤一去不复返,白云千载空悠悠③。

晴川历历汉阳树④,芳草萋萋鹦鹉洲⑤。

日暮乡关何处是⑥,烟波江上使人愁。

★ 拼 音

Xī rén yǐ chéng huáng hè qù, cǐ dì kōng yú huáng hè lóu.

Huáng hè yí qù bú fù fǎn, bái yún qiān zǎi kōng yōu yōu.

Qíng chuān lì lì hàn yáng shù, fāng cǎo qī qī yīng wǔ zhōu.

Rì mù xiāng guān hé chù shì, yān bō jiāng shàng shǐ rén chóu.

注 释

① 黄鹤楼:在湖北武昌长江边。传说仙人子安乘黄鹤经过这里。一说费文祎在此楼乘鹤登仙。
② 昔人:指注①中所指仙人。
③ 悠悠:游荡;飘荡不定的样子。

④ 历历：清晰。汉阳：在武昌的西北，与黄鹤楼隔江相望。这句是说，隔着江水，汉阳的树木可以清清楚楚地看到。
⑤ 萋萋：茂密的样子。鹦鹉洲：武昌北面长江中的沙洲。
⑥ 乡关：故乡。

英语注释

① 黄鹤楼：located near the Yangtze River in Hubei Province. It is said that Zi'an, the celestial being, passed the building riding yellow crane. Another version said that Fei Wenyi became celestial being by climbing up a yellow crane in this building.
② 昔人：to refer to the celestial being mentioned in note ①
③ 悠悠：to wander about; the state of being wandering about
④ 历历：very clear. 汉阳：in the northwest to Wuchang, which is opposite to the Huanghe Building. The whole sentence is to say that "Although separated by the river, the trees of Hanyang could be clearly seen".
⑤ 萋萋：the state of being flourishing. 鹦鹉洲：the sandbar in the Yangtze River, north to Wuchang
⑥ 乡关：hometown

日语注释

① 黄鹤楼：湖北武昌の揚子江沿いにある。伝説では、子安という仙人がここから黄鶴に乗り飛び去ったと言う。一説には費文禕がこの楼より鶴に乗り仙人になったと言う。
② 昔人：注①の仙人を指す。
③ 悠悠：はるかな大空を漂い流れゆく気持ち。
④ 历历：ありありと目に映る。汉阳：武昌の西北にあり。長江を相隔てて黄鶴楼を望む地。この句は、長江を隔て、対岸の漢陽の樹木がくっきりと目に入るの意。
⑤ 萋萋：草木が生い茂ったさま。鹦鹉洲：武昌の北側の長江の中洲。
⑥ 乡关：郷里。

读古诗 学汉语

韩语注释

① 黄鹤楼: 호북성 우창(武昌) 창장강변에 있다. 전설에 따르면 선인 자안(子安)은 황 학을 타고 이곳을 지났다고 한다. 또 비문의가(费文祎) 여기에 학을 타고 신선 가되었다는 말이있다.
② 昔人: 주석①에서 가리키는 선인.
③ 悠悠: 한가롭게 노닐다. 흔들흔들하다.
④ 历历: 뚜렷하다. 汉阳: 무창의 서북쪽에 있고 황학루와 강을 사이에 두고 마주 보고 있다. 강물을 사이에 두고 한양의 나무들이 선명하게 보이는 말이다.
⑤ 萋萋: 풀이 무성한 모습. 鹦鹉洲: 무창북쪽에 있는 장강의 사주(沙洲).
⑥ 乡关: 고향.

 说 明

　　武汉长江边上有一座黄鹤楼。登上黄鹤楼，长江两岸的风光尽收眼底。再回想古人在此乘鹤登仙的故事，怎能不使人发思古之幽情呢？眼望清晰可见的汉阳树以及芳草萋萋的鹦鹉洲，又怎能不引发人们的思乡之情呢？诗人借景生情，以优美的语言为人们描绘了一幅美丽的图画。

一、根据下面拼音写出诗句并朗读

Xī rén yǐ chéng huáng hè qù, cǐ dì kōng yú huáng hè lóu.

Huáng hè yí qù bú fù fǎn, bái yún qiān zǎi kōng yōu yōu.

Qíng chuān lì lì hàn yáng shù, fāng cǎo qī qī yīng wǔ zhōu.

Rì mù xiāng guān hé chù shì, yān bō jiāng shàng shǐ rén chóu.

二、在括号内填上适当的字

1. 昔人已（　　）黄鹤去，此地空余黄（　　）楼。

2. 黄鹤一去不（　　）返，白云千（　　）空悠悠。

3. 晴（　　）历历汉阳树，芳（　　）萋萋鹦鹉洲。

4. 日暮乡关何（　　）是，烟（　　）江上使人愁。

三．解释下列词语在这首诗中的意思

1. 昔人：

2. 悠悠：

3. 历历：

4. 萋萋：

5. 乡关：

四．解释下列诗句

1. 晴川历历汉阳树，芳草萋萋鹦鹉洲。

2. 日暮乡关何处是，烟波江上使人愁。

读古诗 学汉语

1. 你旅游时喜欢选择哪些地方？你去过哪些地方？
2. 你喜欢一个人旅游还是和别人一起去旅游？为什么？
3. 介绍一下黄鹤楼。
4. 说说你对下面诗句的理解。

　　昔人已乘黄鹤去，此地空余黄鹤楼。
　　黄鹤一去不复返，白云千载空悠悠。

第 15 课

九月九日忆山东兄弟①

——〔唐〕王 维

独在异乡为异客，每逢佳节倍思亲。
遥知兄弟登高处，遍插茱萸少一人②。

★ 拼 音

Dú zài yì xiāng wéi yì kè, měi féng jiā jié bèi sī qīn.

Yáo zhī xiōng dì dēng gāo chù, biàn chā zhū yú shǎo yì rén.

读古诗 学汉语

注　释

① 九月九日：即重阳节。按古代风俗，这一天应身插茱萸登高，以避灾祸。山东：指华山以东，作者的故乡。
② 茱萸：一种植物，据说重阳节佩戴茱萸可以避邪。少一人：作者想象兄弟们登高时一定会想起不在家乡的他。

英语注释

① 九月九日：to refer to the traditional Chinese Festival of Chongyang. According to the ancient custom, people should carry the trigs of a kind of plant called zhuyu when climbing mountains in order to avoid bad luck. 山东：to refer to the east of Hua Mountain which was the hometown of the poet
② 茱萸：a kind of plant. It is said that to wear it during the Chongyang Festival can avoid bad luck. 少一人：The poet imagined that when climbing mountain his brothers must remember him, who was not at home.

日语注释

① 九月九日：重陽節。古代の風習によれば、この日茱萸の枝を挿し、高い所に登り菊酒を飲み一年の災厄を払ったと言う。山东：華山以東の地を言い、作者の郷里。
② 茱萸：植物、カワハジカミ。重陽節の頃、赤く小さな実を結び、頭に挿せば、魔よけになると言われている。少一人：作者は郷里の兄弟が兵に登って一人遠く異郷にいる作者を偲んでいるだろうと想像している。

韩语注释

① 九月九日：중양절. 고대 풍습에 따르면 이 날에는 재앙을 피하기 위해 산수유를 몸에 지닌 채 높은 곳에 올라가야 한다. 山东：화산（华山）의 동쪽, 즉 작가의 고향을 가리킨다.

② 茱萸: 식물의 일종. 전해지는 말에 의하면 중양절에 산수유를 지니면 액땜을 할 수 있다고 한다. 少一人: 그 시인은 형제들이 산에 오를 때 반드시 고향에 없는 그(시인)를 생각할 것이라 상상했다.

说 明

这是王维所写的著名诗篇。农历九月九日是重阳节，这一天有登高的习俗，人们还要佩戴茱萸以避灾祸。诗人想象在重阳这一天，远在家乡的亲人一定会去登高，而且一定会思念不在家乡的自己。诗中不谈自己如何思念亲人，而去设想亲人如何思念自己，写法十分奇特。正因为节日、思乡是永恒的主题，诗中"每逢佳节倍思亲"成为脍炙人口的佳句。

一、根据下面拼音写出诗句并朗读

Dú zài yì xiāng wéi yì kè, měi féng jiā jié bèi sī qīn.

Yáo zhī xiōng dì dēng gāo chù, biàn chā zhū yú shǎo yì rén.

二、解释下列词语在这首诗中的意思

1. 异:

2. 逢:

读古诗 学汉语

1. 谈谈你学完这首诗的感受。
2. 说说你对下面诗句的理解。
   每逢佳节倍思亲

第16课

送元二使安西①

——〔唐〕王 维

渭城朝雨浥轻尘②，客舍青青柳色新。
劝君更尽一杯酒③，西出阳关无故人④。

★ 拼 音

Wèi chéng zhāo yǔ yì qīng chén, kè shè qīng qīng liǔ sè xīn.

Quàn jūn gèng jìn yì bēi jiǔ, xī chū yáng guān wú gù rén.

注 释

①元二：名字不详。"二"是在兄弟中的排行。唐人有以排行互相称呼的习惯。
②渭城：地名，秦时的咸阳城，汉改称渭城。在今陕西省咸阳市东。浥：沾湿，湿润。
③更：再，又。尽：一作"进"。
④阳关：在今甘肃省敦煌市西南，为古时出塞的要道。

读古诗 学汉语

英语注释

① 元二：The person's exact name is unknown. "二" is the second eldest son in a family. It was a custom for people in Tang dynasty to address people by their seniority among brothers and sisters.
② 渭城：name of a place. Xianyang in Qin dynasty was changed into Wei City in Han dynasty, and today it is east to Xianyang, Shaanxi Province. 浥：to make it wet
③ 更：again. 尽：Another version used "进".
④ 阳关：southwest in Dunhuang in Gansu Province. In ancient times it was an important fortress to enter the frontier.

日语注释

① 元二：名前不詳。「二」は兄弟で上から二番目の意味。唐時代、長幼の順で互いに呼称し合う習慣があった。
② 渭城：地名。秦代の咸陽の都を漢代には渭城と改めた。今の陝西省咸陽市の東部。浥：ひたす、潤す。
③ 更：さらに、もっと。尽：一本「进」に作る。
④ 阳关：現在の甘粛省敦煌西南部にあり、古代塞外の地に行く際の要道。

韩语注释

① 元二：이름은 확실치 않다. "二"는 형제간의 나이 순서를 뜻한다. 당나라 사람들은 나이의 순서로 상대방을 부르는 관습이 있었다.
② 渭城：지명. 진나라 때의 함양성을 한나라 때에 위성（渭城）으로 개명하였다. 현재 섬서성 함양시 동쪽에 위치한다. 浥：젖다. 촉촉하다.
③ 更：다시；또. 尽：다른 버전은 "进"를 사용했다.
④ 阳关：양관. 현재의 간쑤성 둔황시（敦煌市）서남쪽에 위치하며 옛날 위먼관（玉门关）과 더불어 서역（西域）으로 통하는 요충지였다.

说 明

这是一首有名的送别诗。朋友要走了，去的又是交通不便、人烟稀少的地方，就更容易引起诗人的伤感。诗人不知怎样劝慰朋友才好，只是一再劝酒，心中的话到嘴边只有一句：多喝一点儿吧，从今往后，我们难得相见，你只能自己保重了。这首诗在古代就被谱上曲子，人们送别朋友时反复吟唱，这就是著名的《阳关曲》，又称《阳关三叠》，可见这首诗在中国的影响是相当大的。

一、给下面拼音加声调、填写诗句并朗读

Wei cheng zhao yu yi qing chen, ke she qing qing liu se xin.

Quan jun geng jin yi bei jiu, xi chu yang guan wu gu ren.

二、解释下列词语在这首诗中的意思

1. 朝雨：

2. 更：

1. 谈谈你学完这首诗的感受。
2. 说说你对下面诗句的理解。
   劝君更尽一杯酒，西出阳关无故人。
   莫愁前路无知己，天下谁人不识君。

第 17 课

将进酒（其一）①

——〔唐〕李　白

君不见黄河之水天上来，奔流到海不复回。
君不见高堂明镜悲白发，朝如青丝暮成雪②。
人生得意须尽欢，莫使金樽空对月③。
天生我材必有用，千金散尽还复来。
烹羊宰牛且为乐，会须一饮三百杯④。
岑夫子，丹丘生⑤，将进酒，杯莫停。
与君歌一曲，请君为我侧耳听⑥。
钟鼓馔玉不足贵⑦，但愿长醉不复醒。
古来圣贤皆寂寞⑧，惟有饮者留其名。
陈王昔时宴平乐⑨，斗酒十千恣欢谑⑩。
主人何为言少钱，径须沽取对君酌⑪。
五花马，千金裘⑫，呼儿将出换美酒⑬，
与尔同销万古愁⑭。

读古诗 学汉语

★ 拼 音

Jūn bú jiàn huáng hé zhī shuǐ tiān shàng lái, bēn liú dào hǎi bú fù huí.

Jūn bú jiàn gāo táng míng jìng bēi bái fà, zhāo rú qīng sī mù chéng xuě.

Rén shēng dé yì xū jìn huān, mò shǐ jīn zūn kōng duì yuè.

Tiān shēng wǒ cái bì yǒu yòng, qiān jīn sàn jìn huán fù lái.

Pēng yáng zǎi niú qiě wéi lè, huì xū yì yǐn sān bǎi bēi.

Cén fū zǐ, dān qiū shēng, qiāng jìn jiǔ, bēi mò tíng.

Yǔ jūn gē yì qǔ, qǐng jūn wèi wǒ cè ěr tīng.

Zhōng gǔ zhuàn yù bù zú guì, dàn yuàn cháng zuì bú fù xǐng.

Gǔ lái shèng xián jiē jì mò, wéi yǒu yǐn zhě liú qí míng.

Chén wáng xī shí yàn píng yuè, dǒu jiǔ shí qiān zì huān xuè.

Zhǔ rén hé wèi yán shǎo qián, jìng xū gū qǔ duì jūn zhuó.

Wǔ huā mǎ, qiān jīn qiú, hū ér jiāng chū huàn měi jiǔ,

Yǔ ěr tóng xiāo wàn gǔ chóu.

注 释

①将：请。将进酒：汉乐府诗题。
②青：黑色。青丝：喻黑发。

③ 樽：古代盛酒器具。

④ 会须：应该。

⑤ 岑夫子：指岑勋。丹丘生：即元丹丘。二人都是李白的好友。

⑥ 侧：一作"倾"。

⑦ 钟鼓：指富贵人家的音乐。馔玉：珍贵如玉的饮食。钟鼓馔玉：这里用作富贵利禄的代称。

⑧ 寂寞：沉寂；默默无闻。

⑨ 陈王：指曹植，死后以封地谥为陈思王。平乐：汉代的观名。

⑩ 斗酒十千：斗是酒器，一斗酒值十千钱，是指酒美价昂。恣：纵情。欢谑：欢娱戏谑。

⑪ 径须：直须；应该。沽：买。

⑫ 五花马：指名贵的马。裘：毛皮衣服。

⑬ 将出：拿出。

⑭ 尔：你。

英语注释

① 将：please. 将进酒：the topic of the *Yuefu* in Han dynasty

② 青：black. 青丝：to refer to black hair

③ 樽：utensil used in ancient times to hold wine

④ 会须：should

⑤ 岑夫子：to refer to 岑勋. 丹丘生：to refer to 元丹丘. Both of them were good friends of Li Bai.

⑥ 侧：Another version used "倾".

⑦ 钟鼓：to indicate the music played in wealthy families. 馔玉：delicacies. 钟鼓馔玉：to refer to synonym of wealth and rank here

⑧ 寂寞：silent; unknown to the public

⑨ 陈王：to refer to Cao Zhi, whose posthumous title was Chen Si Wang. 平乐：name of a Taoist temple in Han dynasty

⑩ 斗酒十千：*Dou* is an utensil to hold wine. One *Dou* of wine was worth ten-thousand *Qian*. Here it means wine is delicious but the price is high. 恣：heartily. 欢谑：to entertain and banter

⑪ 径须：should. 沽：to buy
⑫ 五花马：to refer to rare horses. 裘：fur coat
⑬ 将出：to present
⑭ 尔：you

日语注释

① 将：乞い願う。将进酒：漢代の楽府詩の題名。
② 青：黒。青丝：黒髪の喩え。
③ 樽：古代、酒を盛る容器。
④ 会须：〜すべきである。
⑤ 岑夫子：岑勋。丹丘生：元丹丘。二人共李白の親友だった。
⑥ 侧：一本「倾」に作る。
⑦ 钟鼓：富貴な家での音楽。馔玉：豪華で美味な食事。钟鼓馔玉：ここでは、富貴、功利などの象徴。
⑧ 寂寞：名声がなく、人に知られない。
⑨ 陈王：曹植のこと。死后陳思王のおくり名を奉った。平乐：漢代道教の観の名。
⑩ 斗酒十千：「斗」は酒の器。ます。一斗で十千（一万文）もする高価な美酒。恣：欲しいままに。欢谑：享楽する。
⑪ 径须：どうしても〜しなければならない。〜すべきだ。沽：買う。
⑫ 五花马：名馬。裘：毛皮の衣服。
⑬ 将出：持ち出す。
⑭ 尔：你（君）。

韩语注释

① 将：청하다. 将进酒：한악부（汉乐府）의 시제.
② 青：검은색. 青丝：검은 머리.
③ 樽：고대의 술을 담는 기구.
④ 会须：해야 한다.
⑤ 岑夫子：잠훈(岑勋). 丹丘生：원단구(元丹丘). 두 사람은 모두 이백의 좋은 벗이다.
⑥ 侧：다른 버전은 "倾"를 사용했다.

⑦ 钟鼓：부귀한 집의 음악．馔玉：옥과 같이 귀한 음식．钟鼓馔玉：여기서는 부귀와 관록의 동의어로 쓰인다．
⑧ 寂寞：고요하다；이름이 세상에 알려지지 않다．
⑨ 陈王：조식（曹植），죽은 후 봉지（封地）에 따라 진사왕（陈思王）이라는 시호를 내렸다．平乐：한나라 시대 도성의 관명．
⑩ 斗酒十千：말은 술 그릇이다．"술 한 말의 값이 천 위안 이라（一斗酒值十千钱）"함은 좋은 술은 값이 비싸다는 것을 가리킨다．恣：마음껏．欢谑：유쾌하게 농담하다．
⑪ 径须：즉시（바로）；해야 한다．沽：사다．
⑫ 五花马：진귀한 말．裘：모피로 만든 옷．
⑬ 将出：꺼내다．
⑭ 尔：당신．

##

这首诗是唐代诗人李白的代表作。写这首诗时，诗人心里十分苦闷，和朋友一起借酒消愁。诗人嘴上说"但愿长醉不复醒"，可他的心里却十分清醒，语言也是豪迈有力的。他对自己的前途充满自信，认为"天生我材必有用"。这首诗充分反映了诗人那种无拘无束的人生态度和不屈不挠的奋斗精神。

一、根据下面拼音写出诗句并朗读

1. Jūn bú jiàn huáng hé zhī shuǐ tiān shàng lái, bēn liú dào hǎi bú fù huí.

读古诗 学汉语

2. Rén shēng dé yì xū jìn huān, mò shǐ jīn zūn kōng duì yuè.

3. Tiān shēng wǒ cái bì yǒu yòng, qiān jīn sàn jìn huán fù lái.

4. Yǔ jūn gē yì qǔ, qǐng jūn wèi wǒ cè ěr tīng.

5. Gǔ lái shèng xián jiē jì mò, wéi yǒu yǐn zhě liú qí míng.

6. Wǔ huā mǎ, qiān jīn qiú, hū ér jiāng chū huàn méi jiǔ,

  Yǔ ěr tōng xiāo wàn gǔ chóu.

二、解释下列词语在这首诗中的意思

1. 高堂：

2. 青丝：

3. 会须：

4. 不足贵：

5. 沽取：

1. 你认为酒在人们生活中起着怎样的作用？
2. 喝酒和写诗有什么关系？

3. 对比一下不同国家的酒及人们的饮酒习惯。
4. 说说你对下面诗句或短语的理解。

天生我材必有用

今朝有酒今朝醉

举杯邀明月，对影成三人。

酒逢知己千杯少

酒满茶半

第 18 课

静夜思

—— 〔唐〕李 白

床前明月光，疑是地上霜。
举头望明月①，低头思故乡。

★ 拼 音

Chuáng qián míng yuè guāng, yí shì dì shàng shuāng.

Jǔ tóu wàng míng yuè, dī tóu sī gù xiāng.

注　释

① 举头：抬头。明月：一作"山月"。

英语注释

① 举头：to raise one's head. 明月：Another version used "山月".

日语注释

① 举头：頭を上げる。明月：は一本「山月」に作る。

韩语注释

① 举头：머리를 들다．明月：다른 버전은 "山月"를 사용했다．

说　明

　　诗的内容很简单，只是写一个出门在外的游子，在明月当空的夜晚，触景生情，思念起故乡的亲人来。但诗的语言通俗易懂，简单易记，几乎使每一个读过这首诗的人，都能过目成诵，因此成为妇孺皆知的著名诗篇。

读古诗 学汉语

一、根据下面拼音写出诗句并朗读

Chuáng qián míng yuè guāng, yí shì dì shàng shuāng.

Jǔ tóu wàng míng yuè, dī tóu sī gù xiāng.

二、解释下列词语在这首诗中的意思

1. 疑：

2. 举头：

1. 谈谈你学完这首诗的感受。
2. 说说你对下面诗句的理解。
   举头望明月，低头思故乡。

第 19 课

黄鹤楼送孟浩然之广陵①
——〔唐〕李 白

故人西辞黄鹤楼,烟花三月下扬州②。
孤帆远影碧空尽,唯见长江天际流③。

★ 拼 音

Gù rén xī cí huáng hè lóu, yān huā sān yuè xià yáng zhōu.

Gū fān yuǎn yǐng bì kōng jìn, wéi jiàn cháng jiāng tiān jì liú.

读古诗 学汉语

注　释

① 孟浩然：唐代著名诗人。之：往；到……去。广陵：即今江苏省扬州市。
② 烟花：形容花柳很多，如烟似雾的美景。扬州：城市名，在今江苏省。
③ 天际：天边。

英语注释

① 孟浩然：a famous poet of Tang dynasty. 之：to; to go to. 广陵：now Yangzhou, a city in Jiangsu Province
② 烟花：to describe that there were many flowers and willows which looked like mist. 扬州：name of a city which is in Jiangsu Province
③ 天际：horizon

日语注释

① 孟浩然：唐代の著名な詩人。之：赴く，〜へ行く。广陵：今の江蘇省揚州市。
② 烟花：春霞と花との入り交った美しい景色。扬州：都市の名。江蘇省にある。
③ 天际：空の果て。

韩语注释

① 孟浩然：중국 당나라의 저명 시인 . 之：(… 로) 향하다 ; 가다 . 广陵：오늘 날의 강소성 (江苏省) 양주시 (扬州市).
② 烟花：수양버들이 마치 연기와 안개같이 매우 많은 아름다운 풍경을 묘사한다 . 扬州：강소성에 있는 도시 이름 .
③ 天际：하늘 가 .

说 明

这是诗人送好友孟浩然去扬州时所作。烟花三月，春光明媚，好友偏在这时离开，真让人恋恋不舍。诗人站在码头，目送好友乘船远去，直到小船消失在远方，诗人还久久地矗立在那里，心中若有所失。诗歌真实地表现了诗人在送别好友时那种依依不舍的心情。

一、根据下面拼音写出诗句并朗读

Gù rén xī cí huáng hè lóu, yān huā sān yuè xià yáng zhōu.

Gū fān yuǎn yǐng bì kōng jìn, wéi jiàn cháng jiāng tiān jì liú.

二、用现代汉语翻译这首诗

读古诗 学汉语

 思考与表述

1. 谈谈你学完这首诗的感受。
2. 说说你对下面诗句的理解。
   孤帆远影碧空尽，唯见长江天际流。

第 20 课

月下独酌（其一）①

——〔唐〕李　白

花间一壶酒，独酌无相亲。
举杯邀明月，对影成三人。
月既不解饮②，影徒随我身③。
暂伴月将影④，行乐须及春。
我歌月徘徊，我舞影零乱。
醒时同交欢，醉后各分散。
永结无情游⑤，相期邈云汉⑥。

★ **拼　音**

Huā jiān yì hú jiǔ, dú zhuó wú xiāng qīn.

Jǔ bēi yāo míng yuè, duì yǐng chéng sān rén.

Yuè jì bù jiě yǐn, yǐng tú suí wǒ shēn.

Zàn bàn yuè jiāng yǐng, xíng lè xū jí chūn.

Wǒ gē yuè pái huái, wǒ wǔ yǐng líng luàn.

Xǐng shí tóng jiāo huān, zuì hòu gè fēn sàn.

Yǒng jié wú qíng yóu, xiāng qī miǎo yún hàn.

读古诗 学汉语

注 释

① 本题共四首，这里选其中一首。
② 解：懂得。
③ 徒：徒然；白白地。
④ 将：与；和。
⑤ 无情游：忘却世情之游。
⑥ 相期：相约。邈：遥远。云汉：云霄；高空。

英语注释

① This poem is selected from 4 poems under the same title.
② 解：to understand
③ 徒：in vain
④ 将：with
⑤ 无情游：a tour without keeping in mind the affairs of human life
⑥ 相期：to fix a date. 邈：distant. 云汉：the skies

日语注释

① 全四首のうちの一首。
② 解：わかる。
③ 徒：いたずらに、むだに。
④ 将：〜と。
⑤ 无情游：世間一般の快楽を超越する。
⑥ 相期：互いに約束を交す。邈：遥かで遠い。云汉：高空、空の果て。

韩语注释

① 동일한 주제에 대해 총 4 편의 시가 있다．여기서 그 중 한 편의 시만 선택한다．
② 解：알다．이해하다．

③ 徒: 소용없다; 헛되다.
④ 将: …와.
⑤ 无情游: 세속을 잊은 채 떠나는 여행.
⑥ 相期: 약속하다. 邈: (시간이나 거리가) 까마득하다. 云汉: 높은 하늘.

说 明

李白的诗以具有丰富的想象力而闻名，这首《月下独酌》就是最有代表性的。诗人独自一人喝酒，可他并不觉得孤独，你看，"举杯邀明月，对影成三人""我歌月徘徊，我舞影零乱"，我们这不是挺热闹的吗？无论如何，醉后总是要分散的，倒不如这种"无情游"来得自在。诗歌以诗人独酌的情趣表达了诗人旷达的胸怀。

一、根据下面拼音写出诗句并朗读

Huā jiān yì hú jiǔ, dú zhuó wú xiāng qīn.

Jǔ bēi yāo míng yuè, duì yǐng chéng sān rén.

Yuè jì bù jiě yǐn, yǐng tú suí wǒ shēn.

Zàn bàn yuè jiāng yǐng, xíng lè xū jí chūn.

读古诗 学汉语

Wǒ gē yuè pái huái, wǒ wǔ yǐng líng luàn.

Xǐng shí tóng jiāo huān, zuì hòu gè fēn sàn.

Yǒng jié wú qíng yóu, xiāng qī miǎo yún hàn.

二、解释下列词语在这首诗中的意思

1. 酌：

2. 邀：

3. 徒：

4. 及：

5. 徘徊：

6. 无情游：

1. 谈谈你学完这首诗的感受。
2. 说说你对下面诗句的理解。
   举杯邀明月，对影成三人。

常识（二）中国第一位独立创作的诗人——屈原

屈原（约前340—前278），是战国时期的楚国人。他是一位政治家，也是著名的爱国主义诗人。

屈原生活的时代，七雄争霸。作为楚国兼管内政外交大事的官员，屈原曾经劝楚国的国王联合其他国家一起抵抗秦国的侵略。但是楚国的国王听信小人的挑唆，不听屈原的建议，并把屈原流放到偏远地区。后来秦国入侵了楚国。当屈原听到楚国的国都被秦国占领，楚国已经灭亡的时候，他不愿做一个亡国奴，就在五月初五这一天在汨罗江跳江自杀。为了纪念屈原，每年到了五月初五，人们就包粽子、划龙舟，形成了端午节特殊的习俗。这种纪念活动一直延续至今。

屈原是中国浪漫主义文学的奠基人、"楚辞"的创立者和代表作家，被誉为"辞赋之祖""中华诗祖"。他主要的诗歌作品有《离骚》《九歌》《九章》《天问》等。这些作品的出现，极大地丰富了诗歌的表现力，为中国古代的诗歌创作开辟了一片新天地，标志着诗歌由集体歌唱进入了个人独创的新时代。其中最著名的长诗《离骚》，虽然文字在现代人看来有些难懂，但是一些名句，像"亦余心之所善兮，虽九死其犹未悔"（这些都是我心中珍爱的啊，即使死多次我也不后悔）、"路漫漫其修远兮，吾将上下而求索"（生活的道路遥远而漫长，我要上天入地寻找我的人生），现在仍广为流传。

1953年，在屈原逝世2230周年之际，世界和平理事会通过决议，确定屈原为当年纪念的世界四大文化名人之一。

第 21 课

赠汪伦 ①

——〔唐〕李 白

李白乘舟将欲行,忽闻岸上踏歌声②。
桃花潭水深千尺③,不及汪伦送我情。

★ 拼 音

Lǐ bái chéng zhōu jiāng yù xíng, hū wén àn shàng tà gē shēng.

Táo huā tán shuǐ shēn qiān chǐ, bù jí wāng lún sòng wǒ qíng.

注 释

① 汪伦:李白在游安徽泾县桃花潭时认识的村民。汪伦常酿美酒招待李白,李白临走时写了这首留别诗。
② 踏歌:唱歌时,以脚踏地为节拍,这里指汪伦沿着岸边边走边歌。
③ 桃花潭:在安徽泾县西南。

英语注释

① 汪伦: a peasant whom Li Bai got to know when he was touring in Taohua Tan of Jing County of Anhui Province. Wang Lun often made delicious wine to entertain Li Bai. Li Bai wrote this farewell poem before leaving.

② 踏歌：to beat ground with one's feet rhythmically when singing. Here means Wang Lun was singing while walking along the bank.
③ 桃花潭：located in the southwest of Jing County of Anhui Province

日语注释

① 汪伦：李白が安徽省涇県桃花潭に滞在した時知り合った村人。汪倫はよく美酒を作り李白をもてなしたので、李白は別れる時この惜別の詩を作った。
② 踏歌：歌を唱う時、足を踏みらし拍子をとること。ここでは汪倫が岸辺づたいに歩きながら唱ったことを指す。
③ 桃花潭：安徽省涇県西南にある。

韩语注释

① 汪伦：이백（李白）이 안휘성（安徽省）경현（泾县）에 위치한 도화담에서 여행할 때 알게된 마을 주민. 왕륜은 항상 좋은 술을 빚어 이백에게 대접했다. 이백은 떠날 때 이 작별의 시를 남겼다.
② 踏歌：노래를 부를 때 땅에 발을 구르며 박자를 세는 것. 여기서는 왕륜이 물가를 따라 노래하며 걷는 것을 가리킨다.
③ 桃花潭：안휘성 경현 서남쪽에 위치한다.

说 明

　　汪伦是诗人偶然认识的一位村民，他对李白的热情招待和送别使诗人十分感动，于是诗人写下了这首诗来纪念两个人之间的友情。"桃花潭水深千尺，不及汪伦送我情"，一句恰当的比喻，让人为这种深厚的友情而感动。

读古诗 学汉语

一、根据下面拼音写出诗句并朗读

Lǐ bái chéng zhōu jiāng yù xíng, hū wén àn shàng tà gē shēng.

Táo huā tán shuǐ shēn qiān chǐ, bù jí wāng lún sòng wǒ qíng.

二、解释下列词语在这首诗中的意思

　　1. 乘舟：

　　2. 不及：

1. 谈谈你学完这首诗的感受。
2. 说说你对下面诗句的理解。
   桃花潭水深千尺，不及汪伦送我情。

第 22 课

早发白帝城①

——〔唐〕李 白

朝辞白帝彩云间，千里江陵一日还②。
两岸猿声啼不住，轻舟已过万重山。

★ 拼 音

Zhāo cí bái dì cǎi yún jiān, qiān lǐ jiāng líng yí rì huán.

Liǎng àn yuán shēng tí bú zhù, qīng zhōu yǐ guò wàn chóng shān.

读古诗 学汉语

注　释

① 白帝城：城名，在今重庆市奉节县东的白帝山上，汉代修筑。
② 江陵：地名，今湖北省江陵县。江陵离白帝城约一千里。

英语注释

① 白帝城：name of a town built in Han dynasty, now located on the Baidi Mountain, in the east of Fengjie County of Chongqing
② 江陵：name of a place, Jiangling County of Hubei Province now. Jiangling was about 1000 *Li* (500 km) far from Baidi city.

日语注释

① 白帝城：城の名。今の重慶市奉節県東部の白帝山にある。漢代に築かれた。
② 江陵：地名。今の湖北省江陵県。江陵から白帝城までは千里余りある。

韩语注释

① 白帝城：백제성．오늘 날의 중경시（重庆市）봉절현（奉节县）동쪽의 백제산에 위치한다．한나라 시대의 건축물이다．
② 江陵：지명，오늘 날의 호북성（湖北省）강릉현（江陵县）을 가리킨다．강릉은 백제성과 약 1천리정도 떨어져 있다．

说　明

　　这是一首在中国家喻户晓的诗。李白在流放途中遇大赦，从白帝城乘船返回。船顺水而行，行进极快，再加上诗人心情特别好，感觉千里之行转眼就过去了。诗歌语言轻松愉快，看似写景，可每一句诗都透着诗人心中的欢乐。

一、根据下面拼音写出诗句并朗读

Zhāo cí bái dì cǎi yún jiān, qiān lǐ jiāng líng yí rì huán.

Liǎng àn yuán shēng tí bú zhù, qīng zhōu yǐ guò wàn chóng shān.

二、用现代汉语翻译这首诗

1. 谈谈你学完这首诗的感受。
2. 说说你对下面诗句的理解。
   两岸猿声啼不住,轻舟已过万重山。

第 23 课

望庐山瀑布①

——〔唐〕李 白

日照香炉生紫烟②,遥看瀑布挂前川③。
飞流直下三千尺,疑是银河落九天④。

★ 拼 音

Rì zhào xiāng lú shēng zǐ yān, yáo kàn pù bù guà qián chuān.

Fēi liú zhí xià sān qiān chǐ, yí shì yín hé luò jiǔ tiān.

注 释

① 庐山：在江西省九江市南，是著名的风景区。作者《望庐山瀑布》诗有两首，这里选其中一首。
② 香炉：香炉峰，庐山的北峰。紫烟：日光照射水气反映出来的紫色烟雾。
③ 前川：一作"长川"。
④ 银河：晴天的夜晚，天空中呈现出由众多闪烁的星星组成的一条明亮的光带，称作银河。九天：指天的最高处。

英语注释

① 庐山：located in the south of Jiujiang of Jiangxi Province. It's a famous scenic spot . This poem is selected from two poems under the same title.
② 香炉：Xianglu Peak, the northern peak of Lu Mountain. 紫烟：purple mist under the sunshine
③ 前川：Another version used "长川".
④ 银河：the milky way. 九天：the highest level of heavens

日语注释

① 庐山：江西省九江市南にある、著名な景勝地。同題の詩二首の一。
② 香炉：香爐峰。廬山の北峰。紫烟：日光が水蒸気にあたって出る紫色のもや。
③ 前川：一本「長川」に作る。
④ 银河：天の川。九天：天の最も高い所。

韩语注释

① 庐山：강서성(江西省) 구강시(九江市) 남쪽에 위치한 유명한 관광벨트이다. 시인은 동일한 제목에 대해 총 2편의 시를 가지고 있다. 여기서는 그 중 한 편을 선택하였다.
② 香炉：향로봉, 려산(庐山)의 북측 산봉우리. 紫烟：햇빛이 물기를 비춰 반사해낸 보랏빛 안개.

③ 前川：다른 버전은 "长川"를 사용했다.
④ 银河：맑은 날 밤하늘에 나타난 무수히 많은 반짝이는 별들로 구성된 밝은 빛띠, 즉 "은하"라고 칭한다. 九天：하늘의 가장 높은 곳.

这首描写庐山瀑布的诗写得很有气势。庐山是中国著名的旅游胜地，香炉峰是庐山的北峰。这里云海弥漫，在阳光照射下，生出紫色的烟雾。远远看去，雄伟壮观的瀑布飞流直下，使人有天河倾泻下来之感。"飞流直下三千尺，疑是银河落九天"，这种描写看似夸张，却给人一种真实感。

一、给下面拼音加声调、填写诗句并朗读

Ri zhao xiang lu sheng zi yan, yao kan pu bu gua qian chuan.

Fei liu zhi xia san qian chi, yi shi yin he luo jiu tian.

二、解释下列词语在这首诗中的意思

1. 遥看：

2. 飞流：

1. 谈谈你学完这首诗的感受。
2. 说说你对下面诗句的理解。
   飞流直下三千尺,疑是银河落九天。

第 24 课

春夜喜雨

——〔唐〕杜 甫

好雨知时节，当春乃发生①。

随风潜入夜，润物细无声②。

野径云俱黑③，江船火独明。

晓看红湿处④，花重锦官城⑤。

★ 拼 音

Hǎo yǔ zhī shí jié, dāng chūn nǎi fā shēng.

Suí fēng qián rù yè, rùn wù xì wú shēng.

Yě jìng yún jù hēi, jiāng chuán huǒ dú míng.

Xiǎo kàn hóng shī chù, huā zhòng jǐn guān chéng.

注 释

① 乃：即；就。
② 润物：滋润万物。
③ 野径：田野的道路。这句是说天上地上黑成一片。
④ 晓：清晨。红湿处：指树上的花红润一片。
⑤ 花重：花因着雨而显得沉重。锦官城：成都的别称。

英语注释

① 乃：then; hence
② 润物：to moisten everything in the world
③ 野径：the path in the field. This sentence is to say that both the sky and the ground were black.
④ 晓：morning. 红湿处：The flowers were red and moist.
⑤ 花重：The flowers became heavier because of the rain. 锦官城：another name of Chengdu

日语注释

① 乃：そこで、はじめて。
② 润物：万物を潤す。
③ 野径：田野の道。この句は空も地上も一面まっ黒であるという意味。
④ 晓：あかつき。红湿处：木に咲く花は一面赤くつやつやしている。
⑤ 花重：花が雨にぬれ。重く垂れ下がつている。锦官城：成都の別称。

韩语注释

① 乃：곧 ; 바로 .
② 润物：만물을 촉촉하게 적시다 .
③ 野径: 들판의 길 . 이 문장은 하늘과 땅이 온통 새까맣다는 것을 뜻한다 .
④ 晓：이른 아침 . 红湿处：나무 위에 꽃이 온통 빨갛게 물들다 .
⑤ 花重：꽃이 비에 젖어 무겁게 느껴지다 . 锦官城：성도 (成都) 의 별칭 .

说 明

用拟人的手法写春雨，是这首诗的一大特色。诗中所写的雨很通人性，它了解人们的心理，在人们最需要它的时候悄悄地来了：怕惊醒人们的美梦，它在夜间"潜"入这个世界，轻轻地滋润着万物；第二天人们醒来时，发现雨后的花朵更加艳丽，到处充满春天的气息。

一、给下面拼音加声调、填写诗句并朗读

Hao yu zhi shi jie, dang chun nai fa sheng.

Sui feng qian ru ye, run wu xi wu sheng.

Ye jing yun ju hei, jiang chuan huo du ming.

Xiao kan hong shi chu, hua zhong jin guan cheng.

二、解释下列词语在这首诗中的意思

1. 时节：

2. 乃：

3. 潜：

4. 润：

5. 俱：

6. 独：

7. 晓：

1. 找出诗中使用拟人手法的诗句。
2. 哪些诗句描述了春天的气息?
3. 说说你对下面诗句的理解。

   好雨知时节,当春乃发生。
   晓看红湿处,花重锦官城。

第 25 课

绝 句

——〔唐〕杜 甫

两个黄鹂鸣翠柳，一行白鹭上青天。

窗含西岭千秋雪①，门泊东吴万里船②。

★ 拼 音

Liǎng gè huáng lí míng cuì liǔ, yì háng bái lù shàng qīng tiān.

Chuāng hán xī lǐng qiān qiū xuě, mén bó dōng wú wàn lǐ chuán.

注　释

① 西岭：指成都西边的岷山。千秋雪：指岷山山顶终年积雪。这句是指从室内向外远眺，室外景物透过窗框，像是挂在室内的一幅风景画。
② 这句是指杜甫草堂附近，该处为渡口，有往来于东吴（今江苏、浙江两省）的船只。

英语注释

① 西岭：to refer to the Min Mountain to the west of Chengdu. 千秋雪：to refer to the snow on the Min Mountain for thousands of years. This sentence is to say that the poet looked out of the window and the scenes outside looked like a picture on the wall.
② This sentence is to say that the ferry was near Du Fu's house, so there were boats to and from Dong Wu (now Jiangsu and Zhejiang Province)

日语注释

① 西岭：成都西にある岷山のこと。千秋雪：岷山の山頂は一年中雪をいただく。この句は、部屋の中から遠くを眺めると、外の景色は窓枠を通して、あたかも室内に掛けられた一幅の絵のようだの意。
② この句は杜甫草堂付近が当時渡し場となっており、東呉（今の江蘇、浙江両省）の船が行き来していたことを表す。

韩语注释

① 西岭：성도시(成都市) 서쪽에 위치한(岷山) 민산 산맥. 千秋雪：민산 산꼭대기에 일년 내내 눈이 쌓여 있다는 것을 가리킨다. 이 문장은 시인이 방에서 밖을 향해 멀리 바라보니 실외의 경치가 창틀을 투과하여 마치 방안에 풍경화가 걸린 것 같다는 것을 뜻한다.
② 이 문장은 두보 초당(杜甫草堂) 근처를 가르키며, 이 곳은 나루터로 동오 [오늘 날의 강소성과(江苏省) 절강성(浙江省)] 을 오가는 선박이 있었다.

读古诗 学汉语

说 明

这首诗有两个特点：一是听觉和视觉相结合，诗人在房中，先听到黄鹂在翠绿的柳树上喧闹，抬眼向窗外望去，又见一行白鹭飞上青天，听觉与视觉感受都是美好的；二是诗人的新发现，透过窗框与门框，可以看到"西岭雪"和"东吴船"，窗外的景物在窗框与门框的镶嵌中，俨然是一幅幅美丽的风景画。诗人从中获得了美感，诗歌也表达了诗人对这里景色的喜爱。

一、根据下面拼音写出诗句并朗读

Liǎng gè huáng lí míng cuì liǔ, yì háng bái lù shàng qīng tiān.

Chuāng hán xī lǐng qiān qiū xuě, mén bó dōng wú wàn lǐ chuán.

二、解释下列词语在这首诗中的意思

1. 鸣：

2. 含：

3. 泊：

1. 谈谈你学完这首诗的感受。
2. 说说你对下面诗句的理解。
   窗含西岭千秋雪,门泊东吴万里船。

第 26 课

枫桥夜泊①

——〔唐〕张 继

月落乌啼霜满天②,江枫渔火对愁眠③。
姑苏城外寒山寺④,夜半钟声到客船⑤。

★ 拼 音

Yuè luò wū tí shuāng mǎn tiān, jiāng fēng yú huǒ duì chóu mián.

Gū sū chéng wài hán shān sì, yè bàn zhōng shēng dào kè chuán.

注　释

① 枫桥：在今江苏省苏州城西。夜泊：夜晚停船靠岸。
② 乌啼：乌鸦的啼声。一说为附近有山名乌啼。
③ 江枫：江边的枫树。一说指附近的江村桥和枫桥。渔火：夜晚捕鱼时照明的火把。愁眠：一说为附近的愁眠山。这句是说，不仅江枫与渔火在静静地对峙，睡在船舱里的旅人面对江枫、渔火，也在默默地发愁。
④ 姑苏：苏州的别称。寒山寺：枫桥附近的一个寺院，是苏州名胜之一。
⑤ 夜半钟声：当时寺院有半夜敲钟的习惯。

英语注释

① 枫桥：It is in the west of Suzhou, Jiangsu Province. 夜泊：The boat was moored alongside the shore during the night.
② 乌啼：the chirping of crow. It is also said that "乌啼" is the name of a hill nearby.
③ 江枫：the maple along the riverside. It is also said that "江枫" refers to the Bridge of Jiangcun and the Bridge of Feng. 渔火：the torch used to fish at night. 愁眠：It is also said that "愁眠" refers to the Hill of Choumian. This sentence is to say that looking at the silent maple and torch, the traveling person who lied in the boat was worried.
④ 姑苏：another name of Suzhou. 寒山寺：a temple near the Bridge of Feng, which is one of the scenic spots in Suzhou
⑤ 夜半钟声：At that time, the temple used to toll the bell at midnight.

日语注释

① 枫桥：今の江蘇省蘇州の町の西にある。夜泊：夜、船が岸に停泊する。
② 乌啼：カラスの鳴き声。一説には烏啼山という山とも言う。
③ 江枫：川辺の楓の木。一説には江村橋、楓橋という二つの橋とも言う。渔火：夜、魚を捕る時に用いる照明用の松明。愁眠：一説には愁眠山という山とも言う。この句は川べりの楓、漁火が静かに対峙して

いるだけでなく船に泊る旅人も川べりの楓、漁火に向かい無言でもの思いに沈んでいるさまを表している。
④姑苏：蘇州の別称。寒山寺：楓橋付近の寺院、蘇州の名所旧蹟の一つ。
⑤夜半钟声：当時の寺院は真夜中に鐘をつく習慣があった。

韩语注释

①枫桥：오늘 날의 강소성（江苏省）소주시（苏州市）서쪽에 위치한다. 夜泊：밤에 배를 멈추고 물가에 대다.
②乌啼：까마귀의 울음소리. 또는 "乌啼"가 근처에 위치한 산이름이라고도 한다.
③江枫：강가의 단풍나무. 또는 "江枫"이 근처에 위치한 강촌교（江村桥）와 풍교（枫桥）를 가리킨다고도 한다. 渔火：밤에 생선을 잡을 때의 사용하는 횃불. 愁眠：가 근처에 위치한 수면산（愁眠山）을 가리킨다고도 한다. 이 문장은 강가의 단풍나무와 횃불이 잠잠히 서로 마주하고 있을 뿐만 아니라 선실에서 잠을 자는 나그네들도 강가의 단풍나무와 횃불을 바라보며 말없이 근심하고 있다는 것을 뜻한다.
④姑苏：소주의 별칭. 寒山寺：풍교 부근에 위치한 사원으로 소주의 명승지 중 하나이다.
⑤夜半钟声：당시 사원에는 한밤중에 종을 치는 관습이 있었다.

说 明

一首《枫桥夜泊》使张继成为中国文学史上有名的诗人。这首诗描写了苏州城外江边的夜景：夜深了，月色下，江边的枫树与江中的渔火似在静静地对峙着；天空像布满了秋霜，耳边偶尔传来一两声乌鸦的啼鸣。这时，附近寒山寺的钟声敲响了，惊醒了乘船游子的思乡梦。诗歌将情景交织在一起，给读者编织了一幅意味深沉的图画。

一、根据下面拼音写出诗句并朗读

Yuè luò wū tí shuāng mǎn tiān, jiāng fēng yú huǒ duì chóu mián.

Gū sū chéng wài hán shān sì, yè bàn zhōng shēng dào kè chuán.

二、解释下列词语在这首诗中的意思

1. 啼：

2. 愁：

1. 谈谈你学完这首诗的感受。
2. 说说你对下面诗句的理解。
   姑苏城外寒山寺，夜半钟声到客船。

第 27 课

秋 思①

——〔唐〕张 籍

洛阳城里见秋风，欲作家书意万重②。
复恐匆匆说不尽，行人临发又开封③。

★ 拼 音

Luò yáng chéng lǐ jiàn qiū fēng, yù zuò jiā shū yì wàn chóng.

Fù kǒng cōng cōng shuō bú jìn, xíng rén lín fā yòu kāi fēng.

注 释

① 秋思：秋天寂寞凄凉的思绪。
② 意万重：指有很多话要写进家书中。
③ 行人：指捎信的人。临发：临出发。开封：拆开信，看有没有遗漏的话。

英语注释

① 秋思：the lonely feeling in the autumn
② 意万重：There are so many things to tell the family (in the letter).
③ 行人：to refer to the one who is asked to send the letter. 临发：on the point of leaving. 开封：to open the letter to check if everything has been included

第27课 秋 思

日语注释

① 秋思：秋のもの悲しいうらびれた気持ち。
② 意万重：家に宛てた手紙には書きたいことが山ほどある。
③ 行人：手紙をことづかった人を指す。临发：旅立ちまぎわに。开封：書きもらした事がないか封筒を開ける。

韩语注释

① 秋思：가을에 느끼는 쓸쓸하고 처량한 기분.
② 意万重：가족들에게 전하는 편지에 써야할 말이 많다.
③ 行人：편지를 전하는 사람. 临发：떠나는 시점. 开封：편지를 열어 빠트린 말이 없는지 확인하다.

说 明

这首诗把诗人的心理世界描写得真实感人。秋风来了，叶落归根，诗人思念起自己的家乡来，正好有人到家乡去，便托他带一封信回去，可是提起笔来，有说不完的话。上路的人即将出发的时候，又从他手中把信要回来，拆开信看一看，看自己还有哪些没有说到。诗的生活气息很浓。

一、给下面拼音加声调、填写诗句并朗读

Luo yang cheng li jian qiu feng, yu zuo jia shu yi wan chong.

读古诗 学汉语

Fu kong cong cong shuo bu jin, xing ren lin fa you kai feng.

二、解释下列词语在这首诗中的意思

1. 欲：

2. 家书：

3. 匆匆：

4. 临发：

1. 谈谈你学完这首诗的感受。
2. 说说你对下面诗句的理解。
   洛阳城里见秋风，欲作家书意万重。

第 28 课

江 雪

——〔唐〕柳宗元

千山鸟飞绝，万径人踪灭①。
孤舟蓑笠翁，独钓寒江雪。

★ 拼 音

Qiān shān niǎo fēi jué, wàn jìng rén zōng miè.

Gū zhōu suō lì wēng, dú diào hán jiāng xuě.

读古诗 学汉语

注　释

① 人踪灭：没有人的踪迹。

英语注释

① 人踪灭：There is no trail of human.

日语注释

① 人踪灭：絶えて人の足跡がない。

韩语注释

① 人踪灭：사람의 자취가 없다.

说　明

　　柳宗元是中唐有名的文学家，他的山水诗写得很有特色。这首诗给我们描绘了一幅冬天雪后的美景：无论是远处的山峰还是近处的小路，到处是一片银白色的世界。在这万籁俱寂的世界里，听不到小鸟的叫声，看不到行人的来往，只见一位穿戴蓑笠的老翁，独坐船头，专心地垂钓。这样的清冷情景却充满诗意。

一、给下面拼音加声调、填写诗句并朗读

Qian shan niao fei jue, wan jing ren zong mie.

Gu zhou suo li weng, du diao han jiang xue.

二、解释下列词语在这首诗中的意思

1. 绝：
2. 踪：
3. 翁：
4. 独：

1. 说说诗中的风景并找找相关画作。
2. 说说你对下面诗句的理解。
   孤舟蓑笠翁，独钓寒江雪。

第 29 课

竹枝词（其一）①

——〔唐〕刘禹锡

杨柳青青江水平，闻郎江上唱歌声。
东边日出西边雨，道是无晴却有晴②。

★ 拼 音

Yáng liǔ qīng qīng jiāng shuǐ píng, wén láng jiāng shàng chàng gē shēng.

Dōng biān rì chū xī biān yǔ, dào shì wú qíng què yǒu qíng.

注 释

① 竹枝词：巴、渝一带的民歌。作者仿作十几首。这是组词《竹枝词二首》中的一首。
② 晴：双关语，"晴"与"情"同音，借天气之晴隐喻人的"有情"与"无情"。

英语注释

① 竹枝词：the folk song populated in the area of Ba and Yu. The poet wrote more than ten poems which imitated the style of this kind of folk song. Here is one of《竹枝词二首》.

② 晴: It has the same pronunciation as "情", so it has a double meaning. That the weather is fine (晴) is used to indicate that people are passionate (情).

日语注释

① 竹枝词：巴渝一帯の民謡。作者はそれにならい十数首作ったが、これは「竹枝詞二首」の一。
② 晴：「晴」と「情」が同音のかけ言葉。空模様の晴れと人の有情と無情の隠喩。

韩语注释

① 竹枝词: 파, 유 (巴、渝) 일대의 민요. 작자는 이를 모방하여 10 여 곡을 작곡하였다. 이것은 "竹枝词二首" 중 하나이다.
② 晴: 쌍관어. "청 (晴)"과 "정 (情)"은 발음이 같아 맑은 날씨 (天气之晴) 로 사람의 정이 "있고 (有情)", "없음 (无情)"을 은유적으로 표현하였다.

说 明

　　刘禹锡的一些诗歌，是在模仿民歌创作方法的基础上写成的，而且获得了成功。他的《竹枝词》最有代表性。诗中利用民歌中借用谐音字一语双关的表现手法，以天气的"晴"暗指爱情的"情"，写得通俗易懂，活泼清新。

一、给下面拼音加声调、填写诗句并朗读

Yang liu qing qing jiang shui ping, wen lang jiang shang chang ge sheng.

Dong bian ri chu xi bian yu, dao shi wu qing que you qing.

二、解释下列词语在这首诗中的意思

1. 闻：

2. 道：

1. 说说谐音的妙用。
2. 说说你对下面诗句的理解。
   东边日出西边雨，道是无晴却有晴。

第 30 课

赋得古原草送别①

——〔唐〕白居易

离离原上草②,一岁一枯荣③。
野火烧不尽,春风吹又生。
远芳侵古道④,晴翠接荒城⑤。
又送王孙去⑥,萋萋满别情⑦。

★ 拼 音

Lí lí yuán shàng cǎo, yí suì yì kū róng.

Yě huǒ shāo bú jìn, chūn fēng chuī yòu shēng.

Yuǎn fāng qīn gǔ dào, qíng cuì jiē huāng chéng.

Yòu sòng wáng sūn qù, qī qī mǎn bié qíng.

读古诗 学汉语

注　释

① 赋得：凡是指定、限定的诗题，按例在题目上加"赋得"二字。原：原野。
② 离离：繁茂盛多的样子。
③ 一岁：一年。荣：茂盛。
④ 远芳：蔓延的春草。
⑤ 晴翠：阳光照耀下的广阔绿野。
⑥ 王孙：本指贵族，这里指被送的友人。
⑦ 萋萋：草盛的样子。

英语注释

① 赋得：Whenever the topic for the poem is appointed or prescribed, it is a rule to add "赋得" to the topic. 原：open country
② 离离：the state of being flourishing
③ 一岁：one year. 荣：flourishing
④ 远芳：the creeping spring grass
⑤ 晴翠：the vast greenland under the sunshine
⑥ 王孙：It originally refers to the nobleman, but here refers to the friend to be seen off.
⑦ 萋萋：the flourishing state of grass

日语注释

① 赋得：いずれの限られる詩題の前に習慣によって「赋得」の二字を加える。原：原野、平野。
② 离离：うっそうと生い茂っているさま。
③ 一岁：一年。荣：繁茂する。
④ 远芳：あちこちにのびた春草。
⑤ 晴翠：陽光のまばゆい広々とした野原。
⑥ 王孙：旧時、貴族の子孫を指すが、ここでは送られる友人のこと。
⑦ 萋萋：草が生い茂るさま。

韩语注释

① 赋得：지정되거나 제한된 시제는 전례에 따라 해당 제목에 "赋得"이라는 두 글자를 더 해야 한다．原：벌판．
② 离离：무성한 모양．
③ 一岁：일 년．荣：우거지다．
④ 远芳：만연하게 핀 봄풀．
⑤ 晴翠：햇빛이 비추는 드넓은 푸른 벌판．
⑥ 王孙：원래는 귀족을 가르키지만，여기서는 작별하는 친구를 가리킨다．
⑦ 萋萋：풀이 무성한 모양．

　　这首诗是白居易早期的作品，诗中不仅把草的顽强生命力表现了出来，还赋予了它人的感情。其中"野火烧不尽，春风吹又生"成为不朽的名句。白居易也因此诗一举成名。

一、给下面拼音加声调、填写诗句并朗读

Li li yuan shang cao, yi sui yi ku rong.

Ye huo shao bu jin, chun feng chui you sheng.

Yuan fang qin gu dao, qing cui jie huang cheng.

You song wang sun qu, qi qi man bie qing.

二、解释下列词语在这首诗中的意思

1. 岁：

2. 枯荣：

3. 尽：

1. 你对"好朋友"是怎样理解的？你怎样看待友情？

2. 介绍一下你的一位好朋友。

3. 你觉得朋友是不是越多越好？为什么？

4. 说说你对下面诗句或词语的理解。

野火烧不尽，春风吹又生。

莫愁前路无知己　　有朋自远方来，不亦乐乎？

手足之情　　　　　四海之内皆兄弟

知音

常识（三） 中国古代的格律诗

中国古代诗歌的发展有几千年的历史了。从先秦到清代，从诗歌内容到诗歌形式，都发生了很大的变化。其中唐代诗歌可以说达到了鼎盛时期，出现了像李白、杜甫、白居易这样名垂千古的诗人。众多伟大、杰出的诗人把我国诗歌艺术的发展推向高峰。在诗歌形式上，格律诗的出现也形成了古代诗歌的精华。

格律诗是指唐代出现的一种新体诗。这种诗歌在形式上有一定的规格，主要分为绝句和律诗。每首绝句共四句，每句五个字的叫作五言绝句，简称"五绝"；每句七个字的叫作七言绝句，简称"七绝"。律诗也分五言和七言，一般每首律诗共八句或者八句以上，五言八句的律诗叫作五言律诗，简称"五律"；七言八句的律诗叫作七言律诗，简称"七律"；超过八句的则称排律或者长律。

格律诗除了句数和字数的限制以外，在用字上也讲究平仄。唐宋时期的古汉语，有平、上（shǎng）、去、入四声，构成唐诗宋词格律的基础。掌握四种发音，阅读诗词，能够体会到汉语的博大精深和韵律之美。其中平、上、去、入四声中，上声、去声、入声为仄，平声为平。在格律诗中，音韵有一定规律，倘有变化，需遵守一定的规则，使得这种诗体结构严谨，平仄有致。比如王之涣的《登鹳雀楼》："白日依山尽，黄河入海流。欲穷千里目，更上一层楼。"韵律为"仄仄平平仄，平平仄仄平。平平平仄仄，仄仄仄平平"。当然，这种要求也不是死板的，有一定的灵活性，即所谓的"一三五不论，二四六分明"，就是说第一、三、五（仅指七言）字的平仄可以灵活处理，而第二、四、六以及最后一字的平仄则必须严格遵守。

格律诗还有一个特点是押韵。押韵的基本规则是：首句可押可不押，逢双必押；一般只押平声，一韵到底。

最后要提到的是，格律诗有时还要讲究对仗，即上下句中，名词对名词，动词对动词。其中绝句如果用对仗，一般要用在首联。还是以王之涣的《登鹳雀楼》为例："白日依山尽，黄河入海流。"其中"白"对"黄"、"日"对"河"等，就是用了对仗的手法。

第 31 课

问刘十九 ①

——〔唐〕白居易

绿蚁新醅酒②，红泥小火炉。
晚来天欲雪，能饮一杯无③？

★ **拼　音**

Lǜ yǐ xīn pēi jiǔ, hóng ní xiǎo huǒ lú.

Wǎn lái tiān yù xuě, néng yǐn yì bēi wú?

注　释

① 刘十九：白居易在江州结识的朋友，名字不详。十九：刘在兄弟中的排行。参见王维《送元二使安西》注。
② 绿蚁：酒面上浮起的绿色的泡沫，也借指酒。醅：未过滤的酒。
③ 无：等于"否"。

英语注释

① 刘十九：a friend whom Bai Juyi got to know in Jiangzhou, whose real name is unknown. 十九：seniority among Liu's brothers. See the notes in Wang Wei's 《送元二使安西》.

② 绿蚁：the green bubble above the wine, also referring to wine. 醅：unstrained spirits
③ 无：the same as "否"

日语注释

① 刘十九：白居易が江州に滞在した時知り合った友人，姓名不詳。十九：兄弟の長幼の順序。劉という家の十九番目の息子。「送二元使安西」の注釈を参照。
② 绿蚁：酒の表面に出る緑色のあわ、転じて酒のことを指す。醅：精製していない酒。
③ 无：「否」に同じ。

韩语注释

① 刘十九：백거이(白居易)가 강주(江州)에서 사귄 친구지만 정확한 이름은 알려지지 않았다. 十九：형제 중 류씨의 나이 순서. 왕유(王维)의 "送元二使安西" 주석 참조.
② 绿蚁：술 위에 떠 있는 녹색 거품으로 술을 가리키기도 한다. 醅：여과되지 않은 술.
③ 无："否"와 같다.

说明

这首小诗极有生活情趣。在冬天行将下雪的晚上，适逢友人来访，主人热情招呼：来，让我们围着小炉，一起喝点儿酒怎么样？诗的语言幽默流畅，使人倍感亲切。

一、根据下面拼音写出诗句并朗读

> Lǜ yǐ xīn pēi jiǔ, hóng ní xiǎo huǒ lú.
>
> Wǎn lái tiān yù xuě, néng yǐn yì bēi wú?

二、解释下列词语在这首诗中的意思

> 1. 绿蚁：
>
> 2. 晚来：

> 1. 谈谈你学完这首诗的感受。
> 2. 说说你对下面诗句的理解。
>   晚来天欲雪，能饮一杯无？

第 32 课

过华清宫（其一）①

——〔唐〕杜 牧

长安回望绣成堆②，山顶千门次第开③。
一骑红尘妃子笑④，无人知是荔枝来。

★ 拼 音

Cháng ān huí wàng xiù chéng duī, shān dǐng qiān mén cì dì kāi.

Yí jì hóng chén fēi zǐ xiào, wú rén zhī shì lì zhī lái.

注 释

① 本题共三首，这是其中的一首。华清宫：唐宫殿名，在陕西西安临潼区南骊山上，是唐玄宗与杨贵妃游乐之地。
② 长安：今陕西西安。回望：从长安回望骊山。绣成堆：骊山两侧有东绣岭、西绣岭，远看如一堆锦绣。
③ 千门：指一层层的宫门。次第：一个接一个。
④ 一骑红尘：一人骑马飞奔而来，扬起尘土。妃子：指杨贵妃。据说杨贵妃喜欢吃新鲜荔枝，唐玄宗派人千里骑马传送。

第 32 课　过华清宫（其一）

英语注释

① There are three poems all under the same topic, and this is one of them. 华清宫：name of a palace in Tang dynasty, which was located on Li Mountain, south to Lintong District in Xi'an, Shaanxi Province. The palace was set up for Tang Xuanzong and his imperial concubine—Yang Yuhuan to come for fun.
② 长安：the city of Xi'an in Shaanxi Province now. 回望：to look back at Li Mountain from Chang'an. 绣成堆：There are Dongxiuling and Xixiuling on either side of Li Mountain, which are very beautiful being looked from far away.
③ 千门：to refer to the gates in the palace. 次第：one after another
④ 一骑红尘：A man riding a horse was coming, and raised a lot of dust. 妃子：to refer to Yang Yuhuan. It is said that Yang Yuhuan enjoyed fresh litchi, and Tang Xuanzong sent people to bring it from places thousands *Li* away by riding horse.

日语注释

① 全三首からなるうちの一首。华清宫：唐代の宫殿名。陕西省西安市临潼区南の骊山にある。玄宗皇帝と杨贵妃ゆかりの地。
② 长安：今陕西西安。回望：长安の都から骊山をふり返って望むと。绣成堆：骊山の両側には东绣岭、西绣岭があり、远くから望めば连なった锦织のように见える。
③ 千门：宫殿のいくつもの门。次第：次々に続いているさま。
④ 一骑红尘：土ぼこりを扬げ飞ぶようにやってきた骑手。妃子：杨贵妃のこと。杨贵妃は新鲜な荔枝を好み、远くまで骑手を遣わし届けさせたという。

读古诗 学汉语

韩语注释

① 동일한 주제에 대해 총 3 편의 시가 있다. 이 시는 그 중 한 편이다. 华清宫: 당나라의 궁전 이름. 섬서성(陕西省) 서안시(西安市) 림통구(临潼区) 남쪽 려산(骊山)에 위치한다. 당현종(唐玄宗)과 양귀비(杨贵妃)가 놀며 즐겼던 곳이다.
② 长安: 오늘 날의 섬서성 서안시. 回望: 장안(长安)에서 려산을 돌아보다. 绣成堆: 멀리서 보니 려산 양쪽에 있는 동수령(东绣岭)과 서수령(西绣岭)이 화려한 비단처럼 보이다.
③ 千门: 층층으로 된 궁문을 가리킨다. 次第: 하나씩 연이어.
④ 一骑红尘: 한 사람이 말을 타고 쏜살같이 달려와 먼지를 일으키다. 妃子: 양귀비. 전해지는 말에 의하면 양귀비는 신선한 여지 먹는 것을 좋아해서 약 천리정도 떨어진 곳에 사람을 보내 말을 타고 여지를 가지고 오게 하였다고 한다.

 说 明

这是一首讽喻诗。诗人在诗中表达了对统治者的荒淫生活的不满。唐玄宗宠爱杨贵妃。杨贵妃喜欢吃新鲜的荔枝,唐玄宗就让人从南方马不停蹄地送荔枝来。当使者骑马飞奔而来的时候,只有杨贵妃张开了笑口,因为只有她知道这是荔枝到了。

一、给下面拼音加声调、填写诗句并朗读

Chang an hui wang xiu cheng dui, shan ding qian men ci di kai.

Yi ji hong chen fei zi xiao, wu ren zhi shi li zhi lai.

二、解释下列词语在这首诗中的意思

1. 回望：

2. 一骑：

1. 你的国家出产荔枝吗？你的国家盛产哪些水果？
2. 华清宫在中国的什么地方？你知道杨玉环吗？
3. 说说你对下面这些词语的理解。

东施效颦　　　倾国倾城

燕瘦环肥　　　四大美女

第 33 课

清　明①

——〔唐〕杜　牧

清明时节雨纷纷，路上行人欲断魂②。
借问酒家何处有③？牧童遥指杏花村④。

★ 拼　音

Qīng míng shí jié yǔ fēn fēn, lù shàng xíng rén yù duàn hún.

Jiè wèn jiǔ jiā hé chù yǒu? mù tóng yáo zhǐ xìng huā cūn.

注　释

① 清明：节气名，在阳历四月四、五或六日。民间习惯在这一天扫墓。
② 行人：出门在外的人。断魂：形容极度哀伤的样子。
③ 借问：向人打听情况时所用的敬辞。
④ 杏花村：杏花深处的村子。

英语注释

① 清明：solar term, it is about 4th, 5th or 6th of April. On this day people often go to pay respects to a dead person at his tomb.
② 行人：people who's working or traveling afar. 断魂：to describe the state of being extremely sorrow and upset

③ 借问: a term of expressing respect used when asking sth. from others
④ 杏花村: a village in the far side of a large area of apricot flowers

日语注释

① 清明: 節気名。陽暦の四月四、五日又は六日。民間でこの日は墓参りの日とされる。
② 行人: 旅に出ている人。断魂: 悲しみにひどく滅入っているさま。
③ 借问: 他人に物を尋ねる時の敬語。
④ 杏花村: 杏の花の多い村。

韩语注释

① 清明: 절기 이름, 양력 4월 4, 5일 또는 6일이다. 이 날에는 성묘를 하는 민간 풍습이 있다.
② 行人: 외출해있는 사람. 断魂: 심히 비통한 모습.
③ 借问: 다른 사람에게 상황을 물어볼 때 쓰는 경어.
④ 杏花村: 살구꽃 깊은 곳에 있는 마을.

说 明

　　每到清明节，人们就很容易想起杜牧的这首《清明》。中国自古有清明扫墓的习俗，出门在外的人却因不能回家而伤心，蒙蒙细雨更增添了思念家乡的情感，只有找个酒家，一醉解千愁。因为诗出了名，"杏花村"也成了酒家的代名词。

读古诗 学汉语

一、给下面拼音加声调、填写诗句并朗读

Qing ming shi jie yu fen fen, lu shang xing ren yu duan hun.

Jie wen jiu jia he chu you? Mu tong yao zhi xing hua cun.

二、解释下列词语在这首诗中的意思

1. 清明：

2. 欲断魂：

1. 谈谈你学完这首诗的感受。
2. 介绍中国名酒杏花村酒、杜康酒等。
3. 说说你对下面诗句或词语的理解。

　　清明时节雨纷纷，路上行人欲断魂。

　　清明节

　　牧童

　　杏花村

第 34 课

江南春绝句

——〔唐〕杜 牧

千里莺啼绿映红，水村山郭酒旗风①。
南朝四百八十寺②，多少楼台烟雨中③。

★ **拼 音**

Qiān lǐ yīng tí lǜ yìng hóng, shuǐ cūn shān guō jiǔ qí fēng.

Nán cháo sì bǎi bā shí sì, duō shǎo lóu tái yān yǔ zhōng.

注 释

① 山郭：山城；山村。
② 四百八十寺：南朝帝王贵族多崇信佛教，修建了无数的寺院。
③ 楼台：高大建筑物的泛称。这里指寺院建筑。

英语注释

① 山郭：mountain city; mountain village
② 四百八十寺：Most of emperors and noblemen of Southern dynasty were Buddhist, so a lot of temples were built at that time.
③ 楼台：a general term for high and large buildings, here referring to the buildings of temple

读古诗 学汉语

日语注释

① 山郭：山里。
② 四百八十寺：南朝の帝王貴族の多くは仏教を篤く信じ、いくつもの寺院を建てた。
③ 楼台：うてな、高殿。大きな建物の総称で、ここでは仏寺を指す。

韩语注释

① 山郭：산간 도시；산촌．
② 四百八十寺：남조 시대의 대부분 왕과 귀족들은 불교를 숭배하여 무수히 많은 사원을 건설하였다．
③ 楼台：크고 높은 건축물의 총칭．여기서는 사원의 건축물을 가리킨다．

说明

这首诗描写了江南春天的景色：千里莺啼，绿树红花，水乡山村，遍地酒家，佛院寺庙，亭台楼阁。短短四句诗，就描写了这么多的景物，怎不使人萌发下江南的愿望？

一、给下面拼音加声调、填写诗句并朗读

Qian li ying ti lü ying hong, shui cun shan guo jiu qi feng.

Nan chao si bai ba shi si, duo shao lou tai yan yu zhong.

二、解释下列词语在这首诗中的意思

1. 啼：

2. 烟雨：

1. 谈谈你学完这首诗的感受。
2. 说说你对下面诗句的理解。
   南朝四百八十寺，多少楼台烟雨中。

第35课

山 行

——〔唐〕杜 牧

远上寒山石径斜,白云生处有人家①。
停车坐爱枫林晚②,霜叶红于二月花。

★ 拼 音

Yuǎn shàng hán shān shí jìng xiá, bái yún shēng chù yǒu rén jiā.

Tíng chē zuò ài fēng lín wǎn, shuāng yè hóng yú èr yuè huā.

第35课 山 行

注　释

① 白云生处：白云飘出来的地方，指山林最深处。生处：一作"深处"。
② 坐：因为。

英语注释

① 白云生处：place where the clouds float out, here referring to the deepest place in a forest. 生处：Another version used "深处".
② 坐：because

日语注释

① 白云生处：白い雲が浮かんでいる所。山の叢林の奥。生处：一本「深处」に作る。
② 坐：〜のために。

韩语注释

① 白云生处：흰구름이 떠 오른 곳. 산림의 가장 깊은 곳을 가리킨다. 生处：다른 버전은 "深处"을 사용했다.
② 坐：…때문에.

说　明

秋天山上的风景最吸引人，而诗人所描写的山景就更加迷人了：弯弯曲曲的小路通向山顶，朵朵白云从山间飘出，在那白云飘浮的地方住着几户人家。而那满山遍野的枫叶，比二月的春花还要红。这也难怪诗人停下车来流连忘返了。

读古诗 学汉语

一、给下面拼音加声调、填写诗句并朗读

Yuan shang han shan shi jing xia, bai yun sheng chu you ren jia.

Ting che zuo ai feng lin wan, shuang ye hong yu er yue hua.

二、背诵并默写《山行》

三、解释下列词语在这首诗中的意思

1. 斜：

2. 于：

1. 谈谈你学完这首诗的感受。
2. 说说你对下面诗句的理解。
   远上寒山石径斜，白云生处有人家。

第36课

无 题

——〔唐〕李商隐

相见时难别亦难，东风无力百花残①。

春蚕到死丝方尽②，蜡炬成灰泪始干。

晓镜但愁云鬓改③，夜吟应觉月光寒④。

蓬山此去无多路⑤，青鸟殷勤为探看⑥。

★ **拼 音**

Xiāng jiàn shí nán bié yì nán, dōng fēng wú lì bǎi huā cán.

Chūn cán dào sǐ sī fāng jìn, là jù chéng huī lèi shǐ gān.

Xiǎo jìng dàn chóu yún bìn gǎi, yè yín yīng jué yuè guāng hán.

Péng shān cǐ qù wú duō lù, qīng niǎo yīn qín wèi tàn kān.

注 释

① 这两句是说，相见的机会难得，别离时便觉得难舍难分，再加上别离时正值春末花谢，更加使人伤感。
② 丝：作者以蚕丝象征情丝，下句以烛泪象征别离之泪。
③ 云鬓：形容妇女浓黑而柔美的鬓发。这句是设想对方因相思夜不能眠，清晨梳妆发现又生白发而更添愁意。

读古诗 学汉语

④ 这句也是设想对方夜不能眠而月下吟诗。
⑤ 蓬山：蓬莱山的简称，传说中的海外仙山。这里借指对方住处，比喻无缘与对方再相见。
⑥ 青鸟：神话中的鸟，是西王母派去探望汉武帝的信使，后比喻为传递信息的使者。这里是说希望有人能为我探寻对方信息。

英语注释

① This sentence is to say that it was difficult to meet and hard to part, and we felt sadder because we parted in the late spring when the flowers had all withered.
② 丝：The poet used the silk of worm to indicate passion. In the following sentence the tears of candle was used to indicate the tears of those who parted from each other.
③ 云鬓：woman's hair which is dark black and gentle. This sentence is to say that the poet supposed that she could not go to sleep at night and was sad to find more grey hair in the morning.
④ This sentence is to say that the poet supposed that she could not go to sleep and made poems in the moonlight.
⑤ 蓬山：the abbreviation of Penglai Mountain, which is an overseas immortals mountain in legend. Here "蓬山" refers to the place where she lived, which was so far away that they could hardly meet each other.
⑥ 青鸟：a bird, which was the messenger sent by the Goddess to visit Wudi of Han dynasty, now refers only to messenger. Here it indicates that the poet hoped that there was a messenger who could see her on behalf of him.

日语注释

① この二句は、互いに会える機会は得がたく、いざ別れとなるとどうしても離れがたい気持ちがこみ上げてくる。時恰も晩春で、散りゆく花がいっそう感傷的な気分をさそう。
② 丝：作者は蚕の系を心の系に、次の句では溶れて流れるろうそくが別れの涙を象徴している。

③云鬓：女性の美しい豊かな黒髪。この句は相手の女性がつのる想いで夜も眠れず朝早く髪をすく時に白髪を見つけなおいっそう憂いをめぐらすと想定している。
④この句は眠れぬ月夜のに詩を吟じる姿を描いている。
⑤蓬山：蓬萊山の略称。伝説で渤海中にある仙山。ここでは相手の住む場所を表し，再び相まみえる術のないことを喩える。
⑥青鳥：神話に出てくる鳥。西王母が漢の武帝に使者として遣わしたという。後に便りを伝える使者に喩えられる。ここでは誰か自分に代わって相手の消息を尋ねてほしいと願う意。

韩语注释

① 이 문장은 서로 만날 수 있는 기회가 이별할 때에 헤어지기 힘들며, 때마침 꽃이 떨어지는 늦봄에 헤어졌기 때문에 사람으로 하여금 더욱 슬프게 한다.
② 丝: 작자는 실크를 얽히고 설킨 감정에 비유했고, 다음 구절은 촛농을 이별의 눈물에 비유하였다.
③ 云鬓: 여자의 검고 부드러운 귀밑머리를 가리킨다. 이 문장은 상대방이 그리움 때문에 밤에 잠을 이루지 못하고, 아침에 화장을 하다가 다시금 자라난 흰머리를 발견하고는 더욱 근심하게 하는 것을 상상해내었다.
④ 이 문장은 상대방이 밤에 잠을 이루지 못해 달빛 아래 시를 읊는 모습을 묘사하였다.
⑤ 蓬山: 봉래산의 약칭. 전설 속의 해외 선산. 여기서는 상대방의 거처를 가르키는 말로, 상대방과 다시 만날 기회가 없음을 비유한다.
⑥ 青鸟: 신화 속의 새의 한 종류로 서왕모(西王母)가 한무제(汉武帝)에게 문안 차 보낸 사자이다. 후에는 정보를 전달하는 사자를 비유한다. 여기서는 누군가 나를 위해 상대방에 대한 소식을 찾아주길 바라는 모습을 뜻한다.

读古诗 学汉语

说明

诗虽名为《无题》，可是从诗句中我们可以看出，这是一首缠绵悱恻的爱情诗。与自己所爱的人难得一见，聚后的分别就更使人依依不舍。可以想象你离开我以后的情景：你会因思恋我而生白发，你也会因想念我而失眠。只希望能有人为我们传递信息，让我常常得到你的消息。诗中用了两句极为恰当的比喻来说明自己的爱："春蚕到死丝方尽，蜡炬成灰泪始干。"这两句诗因比喻得生动形象，成为后世人们表达爱情的誓言。

一、给下面拼音加声调、填写诗句并朗读

Xiang jian shi nan bie yi nan, dong feng wu li bai hua can.

Chun can dao si si fang jin, la ju cheng hui lei shi gan.

Xiao jing dan chou yun bin gai, ye yin ying jue yue guang han.

Peng shan ci qu wu duo lu, qing niao yin qin wei tan kan.

二、解释下列词语在这首诗中的意思

1. 亦：

2. 尽：

3. 晓：

4. 吟：

1. 谈谈你学完这首诗的感受。
2. 说说你对下面诗句的理解。
   相见时难别亦难
   春蚕到死丝方尽

第 37 课

乐游原①

——〔唐〕李商隐

向晚意不适②,驱车登古原③。
夕阳无限好,只是近黄昏。

★ 拼 音

Xiàng wǎn yì bú shì, qū chē dēng gǔ yuán.

Xī yáng wú xiàn hǎo, zhǐ shì jìn huáng hūn.

注 释

① 乐游原：汉代在长安城南修筑的登高游览地。
② 向晚：天色将晚；傍晚。意不适：心里不痛快。
③ 古原：指乐游原。

英语注释

① 乐游原：situated in the south of Chang'an, which was a scenic spot built in Han dynasty for people to ascend a height
② 向晚：evening; dusk. 意不适：to feel uneasy in one's mind
③ 古原：to refer to "乐游原"

日语注释

① 乐游原：漢代、長安の都の南につくられた遊覧のための丘陵地。
② 向晚：暮れなずむ夕方。意不适：心中意に沿わないものがある。
③ 古原：楽遊原を指す。

韩语注释

① 乐游原：한조시대에 장안 성남에 지어진 높은 유람지.
② 向晚：날이 저물어 갈 무렵 ; 저녁. 意不适：마음이 선뜻 내키지 않다.
③ 古原："낙유원 (乐游原)"을 가리킨다.

说　明

　　天色将晚，诗人感觉心里不痛快，便驱车来到了乐游原这个登高游览的胜地。见夕阳西下，天边一片彩霞。多美的落日情景啊，可惜太阳就要落下山了。诗人借这首小诗感叹人生的短促，常在老年人心里引起共鸣。受这首诗的影响，现在人们用"黄昏恋"比喻老年人之间的爱情。

一、根据下面拼音写出诗句并朗读

Xiàng wǎn yì bú shì, qū chē dēng gǔ yuán.

Xī yáng wú xiàn hǎo, zhǐ shì jìn huáng hūn.

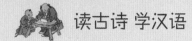
读古诗 学汉语

二、解释下列词语在这首诗中的意思

1. 不适：

2. 古原：

1. 谈谈你学完这首诗的感受。
2. 说说你对下面诗句或词语的理解。
   夕阳无限好，只是近黄昏。
   黄昏恋

第38课

虞美人①

——〔五代〕李 煜

春花秋月何时了②？往事知多少！小楼昨夜又东风，故国不堪回首月明中③。

雕栏玉砌应犹在④，只是朱颜改⑤。问君能有几多愁⑥？恰似一江春水向东流。

★ 拼 音

Chūn huā qiū yuè hé shí liǎo? Wǎng shì zhī duō shǎo! Xiǎo lóu zuó yè yòu dōng fēng, gù guó bù kān huí shǒu yuè míng zhōng.

Diāo lán yù qì yīng yóu zài, zhǐ shì zhū yán gǎi. Wèn jūn néng yǒu jǐ duō chóu? Qià sì yì jiāng chūn shuǐ xiàng dōng liú.

注 释

①虞美人：词牌名。
②了：完毕；结束。
③故国：指灭亡的南唐。不堪：承受不了。回首：回头看，这里是回忆往事的意思。
④雕栏玉砌：指南唐的宫殿。

⑤ 朱颜改：作者为自己的面目憔悴、已非昨日而感伤。
⑥ 几多：多少。

英语注释

① 虞美人：name of *cipai*
② 了：to be over; to finish
③ 故国：to refer to Southern Tang dynasty which was overthrown. 不堪：can't bear. 回首：to turn one's head, here referring to thinking of the past
④ 雕栏玉砌：to refer to the palace of Southern Tang dynasty
⑤ 朱颜改：The poet was sad at his pining appearance.
⑥ 几多：how many

日语注释

① 虞美人：詞牌名。
② 了：完結する。終わる。
③ 故国：滅亡した南唐のこと。不堪：堪えがたい。回首：ふりかえって見る。ここでは過去を追想する意。
④ 雕栏玉砌：南唐の宮殿を指す。
⑤ 朱颜改：作者は自分の憔悴した顔がもはやかつての美しさとはかけ離れていることに万感の思いを抱いている。
⑥ 几多：どのくらい。

韩语注释

① 虞美人：사패 이름.
② 了：끝나다；마치다.
③ 故国：멸망한 남당(南唐)을 가리킨다. 不堪：견딜 수 없다. 回首：뒤돌아보다. 여기서는 지난 일을 회상함을 뜻한다.
④ 雕栏玉砌：남당의 궁전을 가리킨다.

⑤朱颜改：저자가 자신의 초췌한 얼굴과 이전과 같지 않은 자신의 모습에 슬퍼하는 모습.
⑥几多：얼마나.

이는 李煜被俘后写的一首词。他被囚禁在小楼之中，想象着故国现在的情景，不由得无限惆怅涌上心头。要问这愁有多长，"恰似一江春水向东流"。李煜后来因此而被杀，但这形象的比喻却成为流传千古的佳句。

一、根据下面拼音写出词句并朗读

Chūn huā qiū yuè hé shí liǎo? Wǎng shì zhī duō shǎo! Xiǎo lóu zuó yè yòu dōng fēng, gù guó bù kān huí shǒu yuè míng zhōng.

Diāo lán yù qì yīng yóu zài, zhǐ shì zhū yán gǎi. Wèn jūn néng yǒu jǐ duō chóu? Qià sì yì jiāng chūn shuǐ xiàng dōng liú.

读古诗 学汉语

二、解释下列词语在这首词中的意思

1. 何时了：

2. 往事：

3. 故国：

4. 不堪：

5. 回首：

6. 恰似：

1. 你如何表达"愁"这种感情？
2. 说说你对下面词句的理解。
   问君能有几多愁？恰似一江春水向东流。

第39课

乌夜啼①

——〔五代〕李 煜

无言独上西楼，月如钩。寂寞梧桐深院，锁清秋②。

剪不断，理还乱，是离愁③。别是一般滋味，在心头。

★ 拼 音

　　Wú yán dú shàng xī lóu, yuè rú gōu. Jì mò wú tóng shēn yuàn, suǒ qīng qiū.

　　Jiǎn bú duàn, lǐ hái luàn, shì lí chóu. Bié shì yì bān zī wèi, zài xīn tóu.

注 释

① 乌夜啼：词牌名。
② 清秋：冷冷清清的秋天。
③ 离愁：指失去国家之愁。

读古诗 学汉语

英语注释

① 乌夜啼：name of *cipai*
② 清秋：cold and cheerless autumn
③ 离愁：the sorrow the poet felt when his nation was subjugated

日语注释

① 乌夜啼：詞牌名。
② 清秋：もの寂しい秋。
③ 离愁：国を失った哀しみ。

韩语注释

① 乌夜啼：사패 이름.
② 清秋：한산한 가을.
③ 离愁：나라를 잃은 것에 대한 시름을 가리킨다.

说明

　　李煜被俘后，被独自锁在一个深深的庭院之中。他觉得心中的愁绪，无法厘清，就像一团乱麻，"剪不断，理还乱"，心中"别是一般滋味"。

一、给下面拼音加声调、填写词句并朗读

Wu yan du shang xi lou, yue ru gou. Ji mo wu tong shen yuan, suo qing qiu.

Jian bu duan, li hai luan, shi li chou. Bie shi yi ban zi wei, zai xin tou.

二、解释下列词语在这首词中的意思

1. 无言：

2. 理：

3. 离愁：

4. 一般滋味：

1. 谈谈你学完这首词的感受。
2. 说说你对下面词句的理解。
   剪不断，理还乱。
   别是一般滋味，在心头。

第40课

浣溪沙[1]

——〔宋〕晏 殊

一曲新词酒一杯，去年天气旧亭台，夕阳西下几时回？

无可奈何花落去，似曾相识燕归来。小园香径独徘徊[2]。

★ 拼 音

Yì qǔ xīn cí jiǔ yì bēi, qù nián tiān qì jiù tíng tái, xī yáng xī xià jǐ shí huí?

Wú kě nài hé huā luò qù, sì céng xiāng shí yàn guī lái. Xiǎo yuán xiāng jìng dú pái huái.

注 释

① 浣溪沙：词牌名。
② 香径：散发着花香的园间小路。

英语注释

① 浣溪沙：name of *cipai*
② 香径：the path which is permeated with the fragrance of flowers

日语注释

① 浣溪沙：詞牌名。
② 香径：花の香の漂う庭園の小道。

韩语注释

① 浣溪沙：사패 이름.
② 香径：꽃내음 나는 정원 속 오솔길.

说 明

这首词带有感伤的情调。词人于暮春时旧地重游，天气还是去年的天气，亭台还是旧日的亭台，可眼望着无可奈何的落花，似曾相识的归燕，使人感到岁月年华的飞快流逝，不免引起一番伤感。

一、根据下面拼音写出词句并朗读

Yì qǔ xīn cí jiǔ yì bēi, qù nián tiān qì jiù tíng tái, xī yáng xī xià jǐ shí huí?

读古诗 学汉语

Wú kě nài hé huā luò qù, sì céng xiāng shí yàn guī lái. Xiǎo yuán xiāng jìng dú pái huái.

二、解释下列词语在这首词中的意思

1. 无可奈何：

2. 似曾相识：

1. 你对时光的流逝有什么感想？
2. 你是怎样看待古人"伤春""悲秋"的情绪的？
3. 说说你对下面诗句的理解。
　　一寸光阴一寸金，寸金难买寸光阴。

常识（四）中国特殊的诗歌艺术形式——词

词是中国古代诗歌艺术的一种特殊形式，萌芽于南朝，隋唐时逐步兴起。到了宋代，词的创作达到了空前的繁荣，出现了很多优秀的词人，给我们留下了大量优秀的作品。

词最早产生于民间，一开始是伴曲而唱，后来有了固定的写法，一些以演唱为生的乐师按照一定的曲调，填写新的内容，创作或改编出了长短不一的曲词，所以写词又称作填词，词也被称为长短句。后来逐渐形成一种专门的诗歌艺术形式。

早期的词大多是反映爱情、相思之类题材的，所以词在文人眼里是不登大雅之堂的，被视为"诗余"。到了唐代，一些注重汲取民歌艺术长处的文人，开始尝试利用词的形式，创作了具有朴素自然风格、洋溢着浓厚生活气息的新词。而南唐李后主被俘之后的词作则把词的创作推向新的阶段。

宋代词的创作达到了顶峰，涌现出了一大批著名的词人。宋词的成就几乎可以与唐诗相提并论。宋代的词人，按照不同的流派风格，逐渐分成了两大派别。一派是以柳永、李清照为代表的"婉约派"词人，作品多表现城市的繁华和男女的悲欢离合之情，尤长于抒写羁旅的孤寂与乡愁，像柳永的《雨霖铃》、李清照的《声声慢》等。另一派则是以苏轼、辛弃疾为代表的"豪放派"，词作题材十分广泛，大大拓展了词的内容，并以豪迈奔放的感情，为词注入了强大的生命力，像苏轼的《念奴娇·赤壁怀古》、辛弃疾的《永遇乐·京口北固亭怀古》等。

词一般都有词牌。词牌也称为词格，本是填词用的曲调名。词最初是伴曲而唱的，曲子都有一定的旋律、节奏。这些旋律、节奏的总和就是词调。词与调之间，或按词制调，或依调填词，曲调即称为词牌，通常根据词的内容而定。宋代以后，词经过不断的发展产生变化，主要是根据曲调来填词，词牌与词的内容并不相关。当词完全脱离曲之后，词牌便仅作为文字、音韵结构的一种定式,像《水调歌头》《如梦令》等大多与内容无关了。一些词作为了突出词的主题,也会在词牌的后面再加上与内容有关的标题。比如陆游的《卜算子·咏梅》这首词,"卜算子"是词牌名,"咏梅"是词的标题。

第41课

泊船瓜洲①

——〔宋〕王安石

京口瓜洲一水间②，钟山只隔数重山③。
春风又绿江南岸，明月何时照我还？

★ 拼 音

Jīng kǒu guā zhōu yì shuǐ jiān, zhōng shān zhǐ gé shù chóng shān.

Chūn fēng yòu lǜ jiāng nán àn, míng yuè hé shí zhào wǒ huán?

读古诗 学汉语

注 释

① 瓜洲：地名，在江苏省扬州市邗（hán）江区南，位于长江北岸。
② 京口：今江苏省镇江市，在长江南岸，与瓜洲隔江相望。
③ 钟山：即南京紫金山，也借指南京。

英语注释

① 瓜洲：name of a place which is located to the north of Yangtze River, in the south of Hanjiang District in Yangzhou, Jiangsu Province
② 京口：now city of Zhenjiang, Jiangsu Province, which is located to the south of Yangtze River, which is opposite to Guazhou
③ 钟山：to refer to Zijin Mountain in Nanjing, which is also used to refer to Nanjing

日语注释

① 瓜洲：地名。江蘇省揚州市邗江区南、長江北岸に位置する。
② 京口：今の江蘇省鎮江市。長江南岸にあり、南京を指す場合もある。瓜洲と長江を隔て相対している。
③ 钟山：南京の紫金山のこと。南京も指す。

韩语注释

① 瓜洲：지명, 강소성 회강（邗江）현 남부에 있는 장강（长江）북안에 위치한다.
② 京口：오늘 날의 강소성 진강시. 장강 남안에 위치하며 강을 사이에 두고 과주（瓜洲）와 마주하고 있다.
③ 钟山：즉 남경（南京）자금산（紫金山）을 가르키며, 또 남경을 가리키기도 한다.

> 王安石这首诗，因"春风又绿江南岸"这句而出名。据说开始的时候，他写的是"春风又到江南岸"，后又将"到"字改成"过""入""满"等字，最后选定了"绿"字。通过比较我们可以看出，这个"绿"字比其他字要好得多。

一、给下面拼音加声调、填写诗句并朗读

Jing kou gua zhou yi shui jian, zhong shan zhi ge shu chong shan.

Chun feng you lü jiang nan an, ming yue he shi zhao wo huan?

二、解释下列词语在这首诗中的意思

1. 间：
2. 数重：
3. 绿：

读古诗 学汉语

思考与表述

1. "春风又绿江南岸"和"春风又到江南岸"哪个更好？为什么？
2. 说说你对下面诗句的理解。

　　春风又绿江南岸，明月何时照我还？

　　红杏枝头春意闹

第 42 课

饮湖上初晴后雨

——〔宋〕苏 轼

水光潋滟晴方好①,山色空濛雨亦奇②。
欲把西湖比西子③,淡妆浓抹总相宜。

★ 拼 音

Shuǐ guāng liàn yàn qíng fāng hǎo, shān sè kōng méng yǔ yì qí.

Yù bǎ xī hú bǐ xī zǐ, dàn zhuāng nóng mǒ zǒng xiāng yí.

注 释

① 潋滟:水波闪动的样子。
② 空濛:形容雨中雾气迷茫。
③ 西子:春秋时越国美女西施。

英语注释

① 潋滟:the state of the glistening of water
② 空濛:to describe the foggy scene in the rain
③ 西子:Xishi, the beauty of the State of Yue during the Spring and Autumn Period

日语注释

① 潋滟：水がひたひたと流動するさま。
② 空濛：小雨がそぼふり、かすんでいるさま。
③ 西子：春秋時代の越国の美女、西施を指す。

韩语注释

① 潋滟：물결이 반짝이는 모습.
② 空濛：빗속에서 안개가 자욱하게 깔려있음을 묘사한다.
③ 西子：춘추(春秋)시대 월(越)나라 미인 서시(西施).

说 明

这是宋朝大文学家苏轼赞美西湖风景的名篇。诗人采用对比的手法，先写水，后写山；先写晴，后写雨。诗人先赞美西湖的风景无论在怎样的天气下都是美的，然后笔锋一转，将西湖与古代美女西施相比，指出西湖就像西施一样，有一种天然的美，无论是否打扮都很漂亮。

一、根据下面拼音写出诗句并朗读

Shuǐ guāng liàn yàn qíng fāng hǎo, shān sè kōng méng yǔ yì qí.

Yù bǎ xī hú bǐ xī zǐ, dàn zhuāng nóng mǒ zǒng xiāng yí.

二、解释下列词语在这首诗中的意思

1. 方：

2. 空濛：

3. 欲：

4. 总相宜：

1. 谈谈你学完这首诗的感受。
2. 说说你对下面诗句或词语的理解。
    淡妆浓抹总相宜
    西子湖畔
    苏堤

第 43 课

题西林壁①

——〔宋〕苏 轼

横看成岭侧成峰,远近高低各不同。
不识庐山真面目,只缘身在此山中②。

★ 拼 音

Héng kàn chéng lǐng cè chéng fēng, yuǎn jìn gāo dī gè bù tóng.

Bù shí lú shān zhēn miàn mù, zhǐ yuán shēn zài cǐ shān zhōng.

注　释

① 西林：寺名，在庐山。
② 缘：因为。

英语注释

① 西林：name of a temple which is in Lu Mountain
② 缘：because

日语注释

① 西林：廬山にある寺院の名。
② 缘：〜のために。

韩语注释

① 西林：절 이름. 여산 (庐山) 에 위치한다 .
② 缘：…때문에 .

说　明

　　这首诗是诗人游庐山时所作。诗人先写庐山之景，后又引发出富有哲理的诗句，因为使用得当，避免了宋人诗中空洞议论、以诗为文的弊端。而且，"不识庐山真面目"后来成为一句耐人寻味的成语。

读古诗 学汉语

一、根据下面拼音写出诗句并朗读

Héng kàn chéng lǐng cè chéng fēng, yuǎn jìn gāo dī gè bù tóng.

Bù shí lú shān zhēn miàn mù, zhǐ yuán shēn zài cǐ shān zhōng.

二、解释下列词语在这首诗中的意思

1. 岭：

2. 峰：

3. 真面目：

4. 缘：

1. 谈谈你学完这首诗的感受。
2. 说说你对下面诗句的理解。
   不识庐山真面目，只缘身在此山中。

第 44 课

江城子①

乙卯正月二十日夜记梦②

——〔宋〕苏 轼

十年生死两茫茫③。不思量,自难忘。千里孤坟④,无处话凄凉。纵使相逢应不识⑤,尘满面,鬓如霜⑥。

夜来幽梦忽还乡⑦。小轩窗⑧,正梳妆。相顾无言,惟有泪千行。料得年年肠断处⑨:明月夜,短松冈⑩。

★ 拼 音

Shí nián shēng sǐ liǎng máng máng. Bù sī liáng, zì nán wàng. Qiān lǐ gū fén, wú chù huà qī liáng. Zòng shǐ xiāng féng yīng bù shí, chén mǎn miàn, bìn rú shuāng.

Yè lái yōu mèng hū huán xiāng. Xiǎo xuān chuāng, zhèng shū zhuāng. Xiāng gù wú yán, wéi yǒu lèi qiān háng. Liào dé nián nián cháng duàn chù: míng yuè yè, duǎn sōng gāng.

读古诗 学汉语

注　释

① 江城子：词牌名。
② 乙卯：中国古代以天干、地支纪年。这一年是公元 1075 年。
③ 茫茫：渺茫，模糊不清。这句是说，妻死十年，双方隔绝，互相不了解。
④ 千里孤坟：坟在千里之外。
⑤ 纵使：即使。
⑥ 这两句是说，自己这十年整日忙碌，日渐衰老，若妻子见了，一定认不出了。
⑦ 这句是说，夜里做梦，梦见自己回到故乡。
⑧ 小轩窗：小的窗户。
⑨ 料得：料想得到。肠断：伤心至极。
⑩ 短松冈：指坟墓所在的山地。

英语注释

① 江城子：name of *cipai*
② 乙卯：In ancient China, people used the ten Heavenly Stems in combination with the twelve Earthly Branches to designate years, months, days and hours. This year was 1075.
③ 茫茫：vague. This sentence is to say that the poet's wife had been dead for ten years. They had been separated for such a long time that they did not know each other very well.
④ 千里孤坟：The tomb was far away.
⑤ 纵使：even though
⑥ This sentence is to say that the poet got so old that his wife would not recognize him if they had met.
⑦ This sentence is to say that the poet dreamed at night that he came back home.
⑧ 小轩窗：small windows
⑨ 料得：to be able to predict. 肠断：extremly sad
⑩ 短松冈：the hilly country where the tomb was situated

日语注释

① 江城子：詞牌名。
② 乙卯：中国古代の十干十二支による紀年法。西暦1075年に当たる。
③ 茫茫：果てしなく、はっきり見えないこと。この句は妻が亡くなり十年互いに断絶され、心を交わすこともなくなってしまった。
④ 千里孤坟：墓は遠く離れている。
⑤ 纵使：たとえ〜であろうとも。
⑥ この二句は自分はこの十年あわただしい毎日をおくり老けこんでいくばかりで、もし妻が見たらきっと私だと分からないだろうの意。
⑦ この句は夜、郷里に帰って来た夢を見た。
⑧ 小轩窗：小窓。
⑨ 料得：想像しうる。肠断：こらえきれない悲しみ。
⑩ 短松冈：お墓のある山地。

韩语注释

① 江城子：사패 이름.
② 乙卯：중국 고대에는 천간지지（天干地支）를 기준으로 연대를 기록하였다. 해당 년도는 서기 1075년이다.
③ 茫茫：막연하고 뚜렷하지 않다. 이 문장은 10년 전에 시인의 아내가 죽었기 때문에 서로 오랫동안 떨어져 서로를 이해하지 못한다는 것을 뜻한다.
④ 千年孤坟：묘가 천리 밖 저멀리에 있다.
⑤ 纵使：…하더라도.
⑥ 이 두 문장은 자신이 지난 10년 내내 바쁘게 지내다보니 나날이 쇠로해져 만약 아내가 본다해도 못 알아볼 것을 뜻한다.
⑦ 밤에 자신이 고향으로 돌아온 꿈을 꾸었다는 뜻이다.
⑧ 小轩窗：작은 창문.
⑨ 料得：예상할 수 있다. 肠断：슬픔이 극에 달하다.
⑩ 短松冈：무덤이 있는 산지를 가리킨다.

读古诗 学汉语

说明

这是一首著名的悼亡词，作者在词中写了对已故妻子的悼念。妻子去世已经十年了，十年来，作者一直难以忘记妻子的身影，以致做梦梦见自己回到家乡，与妻子久别重逢，该说些什么呢？"相顾无言，惟有泪千行"，这令人感动的场景，真令读者也要落泪了。

一、给下面拼音加声调、填写词句并朗读

Shi nian sheng si liang mang mang. Bu si liang, zi nan wang. Qian li gu fen, wu chu hua qi liang. Zong shi xiang feng ying bu shi, chen man mian, bin ru shuang.

Ye lai you meng hu huan xiang. Xiao xuan chuang, zheng shu zhuang. Xiang gu wu yan, wei you lei qian hang. Liao de nian nian chang duan chu: ming yue ye, duan song gang.

二、解释下列词语在这首词中的意思

1. 思量：

2. 话：

3. 纵使：

4. 相逢：

5. 识：

6. 鬓如霜：

7. 相顾：

8. 惟有：

9. 料得：

10. 肠断处：

1. 你认为真挚的感情（包括亲情、爱情、友情）应该是什么样的？
2. 在现代社会，人们关于恋爱、结婚甚至离婚的观念和古代有哪些不同？谈谈你的看法。
3. 说说你对下面诗句的理解。
   曾经沧海难为水

第45课

水调歌头①

丙辰中秋,欢饮达旦,大醉,作此篇兼怀子由②

——〔宋〕苏 轼

明月几时有?把酒问青天③。不知天上宫阙,今夕是何年。我欲乘风归去,又恐琼楼玉宇④,高处不胜寒⑤。起舞弄清影,何似在人间⑥!

转朱阁⑦,低绮户⑧,照无眠⑨。不应有恨,何事长向别时圆⑩?人有悲欢离合,月有阴晴圆缺,此事古难全。但愿人长久,千里共婵娟⑪。

★ 拼 音

Míng yuè jǐ shí yǒu? Bǎ jiǔ wèn qīng tiān. Bù zhī tiān shàng gōng què, jīn xī shì hé nián. Wǒ yù chéng fēng guī qù, yòu kǒng qióng lóu yù yǔ, gāo chù bú shèng hán. Qǐ wǔ nòng qīng yǐng, hé sì zài rén jiān!

Zhuǎn zhū gé, dī qǐ hù, zhào wú mián. Bù yīng yǒu hèn, hé shì cháng xiàng bié shí yuán? Rén yǒu bēi huān lí hé, yuè yǒu yīn qíng yuán quē, cǐ shì gǔ nán quán. Dàn yuàn rén cháng jiǔ, qiān lǐ gòng chán juān.

注　释

① 水调歌头：词牌名。
② 旦：天亮。子由：苏轼的弟弟苏辙，字子由。以上是这首词的小序。古人写诗词，有时通过小序交代背景。
③ 把酒：端起酒杯。
④ 琼楼玉宇：指月中宫殿。
⑤ 不胜：不能承受。
⑥ 何似：哪里像是。
⑦ 转朱阁：月光从华美楼阁的一面转到另一面。
⑧ 低绮户：月光低低地透过雕花窗户。
⑨ 无眠：有心事不能安眠的人。
⑩ 何事：为何；为什么。这句是说，（月亮）为什么总是在人们分别的时候圆呢？
⑪ 婵娟：形容月色明媚，这里代指明月。

英语注释

① 水调歌头：name of *cipai*
② 旦：dawn. 子由：The name of Su Shi's younger brother was Su Zhe, whose secondary personal name was Ziyou. This paragraph is a short preface by which poets in ancient times explained the background of a poem.
③ 把酒：to hold the glass of wine
④ 琼楼玉宇：to refer to the palace on the moon
⑤ 不胜：can't bear
⑥ 何似：not like

读古诗 学汉语

⑦ 转朱阁：The moonlight moved from one side of the magnificent pavilion to the other side.
⑧ 低绮户：The moonlight passed through the carved windows.
⑨ 无眠：person who was worried and can not go to sleep
⑩ 何事：Why. This sentence is to ask why the moon became round when people parted.
⑪ 婵娟：to describe that the moonlight is bright and beautiful, here referring to the bright moon

日语注释

① 水调歌头：詞牌名。
② 旦：夜明け。子由：蘇軾の弟蘇轍、字を子由と言った。ここまではこの詞の序にあたる。古詩ではよく序を以て詩の背景を述べることがある。
③ 把酒：酒杯を両手で持つ。
④ 琼楼玉宇：月の宮殿。
⑤ 不胜：～に堪えない。
⑥ 何似：～に似ても似つかない。
⑦ 转朱阁：月光が華麗な御殿のこちらからあちらへ移る。
⑧ 低绮户：月光が雕刻をほどこした美しい窓に射し込んでくる。
⑨ 无眠：心配ごとで寝つかれぬ人。
⑩ 何事：どうしい，何ゆえに。この句は、（月よ）どうして人人が別れるときに丸いのか。
⑪ 婵娟：月があでやかしい。月の別称。

韩语注释

① 水调歌头：사패 이름.
② 旦：새벽. 子由：소식（苏轼）의 동생으로 소철（苏辙），이며，자（字）는 자유（子由）이다. 이전 내용은 사패의 머리말이다. 옛날 사람들은 시사（诗词）를 쓸 때, 간혹 머리말을 통해 배경을 설명하고는 했다.
③ 把酒：술잔을 들다.

④ 琼楼玉宇: 달빛 아래 있는 궁전을 가리킨다.
⑤ 不胜: 견딜 수 없다.
⑥ 何似: 조금도 … 인것 같지 않다.
⑦ 转朱阁: 달빛이 화려한 누각의 한 편에서 다른 쪽을 비추다.
⑧ 低绮户: 달빛이 나지막이 문양이 조각되어있는 창문을 통해 비쳐들어 오다.
⑨ 无眠: 근심걱정으로 잠을 이루지 못하는 사람.
⑩ 何事: 왜. 무엇 때문에. 이 문장은, (달은) 왜 항상 사람들이 이별할 때 둥근 것일까 라는 뜻이다.
⑪ 婵娟: 달빛이 밝고 아름답다는 것을 묘사한다. 여기서는 밝은 달을 가리킨다.

 说 明

　　苏轼是宋代豪放派词人的代表,他的词一反婉约派词的缠绵悱恻,写出了豪放的胸怀。中秋节是家人团聚的日子,而苏轼却一人漂泊在外,只能独自借酒浇愁。但是他并不因此而消沉。"人有悲欢离合,月有阴晴圆缺,此事古难全。但愿人长久,千里共婵娟。"这几句词,意态超脱,语言旷达,成为后人送别时互勉的佳句。

一、给下面拼音加声调、填写词句并朗读

　　Ming yue ji shi you? Ba jiu wen qing tian. Bu zhi tian shang gong que,

jin xi shi he nian. Wo yu cheng feng gui qu, you kong qiong lou yu yu, gao

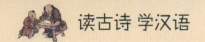

chu bu sheng han. Qi wu nong qing ying, he si zai ren jian!

　　Zhuan zhu ge, di qi hu, zhao wu mian.Bu ying you hen, he shi chang xiang bie shi yuan? Ren you bei huan li he, yue you yin qing yuan que, ci shi gu nan quan. Dan yuan ren chang jiu, qian li gong chan juan.

二、解释下列词语在这首词中的意思

1. 旦：

2. 几时：

3. 把酒：

4. 今夕：

5. 归去：

6. 恐：

7. 何似：

8. 无眠：

9. 悲欢离合：

10. 但愿：

1. "明月"和"酒"在诗词中有什么意思?在你的母语中有什么特别的意思吗?
2. 说说你对下面词句的理解。
   人有悲欢离合,月有阴晴圆缺,此事古难全。
   但愿人长久,千里共婵娟。

第 46 课

夏日绝句

——〔宋〕李清照

生当作人杰①，死亦为鬼雄②。
至今思项羽③，不肯过江东④。

★ 拼 音

Shēng dāng zuò rén jié, sǐ yì wéi guǐ xióng.

Zhì jīn sī xiàng yǔ, bù kěn guò jiāng dōng.

注 释

① 人杰：人中豪杰。
② 鬼雄：英勇战死的人，当为鬼中英雄。
③ 项羽：即项籍，秦末人，率军反秦。秦亡后，自立为西楚霸王，与刘邦争天下。后兵败，自杀于乌江。
④ 江东：长江以东之地。今称江南。项羽率八千江东子弟起兵，最后全军覆灭，项羽觉得无颜见江东父老而自杀。

英语注释

① 人杰：outstanding people
② 鬼雄：Those who died in a fight became heros of ghosts.

③项羽: With another name as Xiang Ji, he revolted against Qin dynasty. He appointed himself as Overlord of Western Chu and scrambled for conquest of the country with Liu Bang after the fall of Qin. He was later defeated and committed suicide beside the Wujiang River.
④江东: the region which is to the east of Yangtze River, called today as Jiangnan. Xiang Yu commanded 8000 soldiers who came from the east region across the Yangtze River against the army of Liu Bang. After being defeated, Xiang Yu can not bear to see again his people in his hometown and committed suicide.

日语注释

① 人杰: 優れた人物。
② 鬼雄: 鬼中の英雄。即ち果敢に戦死した人。
③ 項羽: 項籍, 秦末に秦を攻め、秦の滅亡後、自ら西楚覇王と名乗り、劉邦と天下を争った。後に敗れ、烏江で自害した。
④ 江東: 長江以東の地。項羽は江東の子弟八千を率いて長江そ渡り西に向かったが、項羽の軍隊は覆滅し、項羽は江東の長老に合わせる顔がないと自尽した。

韩语注释

① 人杰: 인중 호걸(人中豪杰).
② 鬼雄: 싸움에서 용맹히 전사한 자들이 귀신들의 영웅(鬼中英雄)이 된다.
③ 项羽: 항적(项籍). 진나라 말기(秦末) 사람으로 군대를 이끌고 진나라에 반기를 들었다. 진나라 멸망 후에 스스로 서초패왕이라는 왕위에 올라 유방(刘邦)과 천하를 다투었다. 전쟁에서 패한 후 오강(乌江)에서 자살하였다.
④ 江东: 장강(长江) 동쪽에 위치한 땅. 오늘 날 강남이라 불리운다. 항우는 8,000명의 강동 청년들 이끌어 군대를 일으켰지만, 결국에는 전멸하고 말았다. 때문에 강동에 있는 어른들을 뵐 면목이 없다 생각한 그는 자살하고 말았다.

读古诗 学汉语

说 明

　　如果说，李清照的词充满闺房气息，那么，这首诗写得却很有气势。她用楚王项羽兵败后宁愿自杀也不愿逃回家乡的历史故事来痛斥主张投降、求和的当权派：男子汉大丈夫，"生当作人杰，死亦为鬼雄"，想想古代的英雄项羽，虽败犹荣，而你们却这么贪生怕死！短短几句诗，体现了诗人强烈的爱国精神。

一、给下面拼音加声调、填写诗句并朗读

Sheng dang zuo ren jie, si yi wei gui xiong.

Zhi jin si xiang yu, bu ken guo jiang dong.

二、解释下列词语在这首诗中的意思

1. 人杰：

2. 鬼雄：

1. 说说"至今思项羽,不肯过江东"的意思。
2. 李清照是怎样一位词人?
3. 说说你对下面诗句或词语的理解。

   生当作人杰,死亦为鬼雄。

   四面楚歌

第47课

青玉案①

元 夕②

——〔宋〕辛弃疾

东风夜放花千树③,更吹落、星如雨④。宝马雕车香满路⑤,凤箫声动⑥,玉壶光转⑦,一夜鱼龙舞⑧。

蛾儿雪柳黄金缕⑨,笑语盈盈暗香去⑩。众里寻他千百度⑪,蓦然回首⑫,那人却在、灯火阑珊处⑬。

★ 拼 音

Dōng fēng yè fàng huā qiān shù, gèng chuī luò、xīng rú yǔ. Bǎo mǎ diāo chē xiāng mǎn lù, fèng xiāo shēng dòng, yù hú guāng zhuǎn, yí yè yú lóng wǔ.

É ér xuě liǔ huáng jīn lǚ, xiào yǔ yíng yíng àn xiāng qù. Zhòng lǐ xún tā qiān bǎi dù, mò rán huí shǒu, nà rén què zài、dēng huǒ lán shān chù.

注　释

① 青玉案：词牌名。
② 元夕：农历正月十五日晚上，又称元宵。
③ 东风夜放花千树：这句是说，满城的灯火就像东风吹开了千万棵树上的花。
④ 更：再；又；加上。这句是说，花灯像被吹落到人间的繁星一样灿烂。
⑤ 宝马雕车：指富贵人家的车马。
⑥ 凤箫：箫的美称。
⑦ 玉壶：指月亮。
⑧ 鱼龙：指人们耍的鱼灯、龙灯。
⑨ 蛾儿雪柳黄金缕：蛾儿、雪柳、黄金缕，这三样东西都是古代妇女元夕戴在头上的装饰物。
⑩ 暗香：指美人。
⑪ 千百度：无数次。
⑫ 蓦然：突然。
⑬ 阑珊：零落。

英语注释

① 青玉案：name of *cipai*
② 元夕：the night of the 15th of the 1st lunar month, which is also called *Yuanxiao*
③ 东风夜放花千树：This sentence is to say that the city was full of colorful lanterns which seemed as if the east wind made thousands of flowers bloom.
④ 更：and. This sentence is to say that the colorful lanterns were so bright that they looked like stars fallen from the sky to the world.
⑤ 宝马雕车：to refer to horses and carriages of the rich
⑥ 凤箫：laudatory name for *xiao* (a vertical bamboo flute)
⑦ 玉壶：to refer to the moon
⑧ 鱼龙：to refer to the lanterns in the shape of fish and dragon
⑨ 蛾儿雪柳黄金缕：*E'er, xueliu,* golden *lü* were adornments that women put on their head on *Yuanxi* in ancient times.

⑩ 暗香：to refer to the beauty
⑪ 千百度：many times
⑫ 蓦然：in a sudden
⑬ 阑珊：to wane

日语注释

① 青玉案：詞牌名。
② 元夕：旧暦正月十五の晩。元宵とも言う。
③ 东风夜放花千树：この句は、町中の灯火はまるで幾千本もの木に春風が美しい花を咲かせたようだの意。
④ 更：その上、又。この句は美しい灯火は空から降ってきた星のようにきらめき輝いている。
⑤ 宝马雕车：金持ちの家の馬や車。
⑥ 凤箫：簫の美称。
⑦ 玉壶：月を指す。
⑧ 鱼龙：その夜行なわれた雑技の魚や龍の形をした提灯。
⑨ 蛾儿雪柳黄金缕：蛾兒、雪柳、黄金縷、これらは旧時元宵の晩に婦人が頭に飾る装飾品。
⑩ 暗香：美人のこと。
⑪ 千百度：何度も。
⑫ 蓦然：突然。
⑬ 阑珊：衰える。

韩语注释

① 青玉案：사패 이름.
② 元夕：음력 정월 15일 밤, 정월 대보름이라고도 한다.
③ 东风夜放花千树：이 문장은 도시 전체를 가득 채운 불빛들이 마치 동쪽에서 불어온 바람으로 인해 수천 그루 나무위에 피어난 꽃과 같음을 의미한다.
④ 更：또. 다시. 게다가. 이 문장은 꽃등(花灯)이 마치 이 세상에 떨어진 무수히 많은 별과 같이 빛이 남을 의미한다.

⑤ 宝马雕车：부잣집의 마차.
⑥ 凤箫：통소(箫)의 미칭.
⑦ 玉壶：달을 가리킨다.
⑧ 鱼龙：사람들이 들고 노는 집어등(鱼灯), 용등(龙灯)을 가리킨다.
⑨ 蛾儿雪柳黄金缕：蛾儿、雪柳、黄金缕, 이 세가지는 모두 정월 대보름에 옛날 여성들이 머리에 쓰던 장식물이다.
⑩ 暗香：미인.
⑪ 千百度：무수히 많이.
⑫ 蓦然：갑자기.
⑬ 阑珊：(불빛 등이) 사그라지다. 쇠퇴하다.

说明

辛弃疾是宋代有名的词人。他的词风豪放，绝少缠绵悱恻的词句。这首《元夕》描写宋代元宵节时的热闹场面。宋代实行宵禁，妇女平时更难得出门，只有元宵节的晚上，才能痛痛快快地到街上玩儿玩儿。年轻人也借此机会，寻找自己的意中人。"众里寻他千百度，蓦然回首，那人却在、灯火阑珊处"，这几句词被人们广泛传播，成为千古佳句。

一、给下面拼音加声调、填写词句并朗读

Dong feng ye fang hua qian shu, geng chui luo、xing ru yu. Bao ma

读古诗 学汉语

diao che xiang man lu, feng xiao sheng dong, yu hu guang zhuan, yi ye yu long wu.

E er xue liu huang jin lü, xiao yu ying ying an xiang qu. Zhong li xun ta qian bai du, mo ran hui shou, na ren que zai、deng huo lan shan chu.

二、解释下列词语在这首词中的意思

1. 更：
2. 玉壶：
3. 寻：
4. 度：
5. 蓦然：

说说你对下面词句的理解。
众里寻他千百度，蓦然回首，那人却在、灯火阑珊处。

第 48 课

丑奴儿①

书博山道中壁②

——〔宋〕辛弃疾

少年不识愁滋味,爱上层楼③;爱上层楼,为赋新词强说愁。

而今识尽愁滋味,欲说还休;欲说还休,却道"天凉好个秋"。

★ 拼 音

Shào nián bù shí chóu zī wèi, ài shàng céng lóu; ài shàng céng lóu, wèi fù xīn cí qiǎng shuō chóu.

Ér jīn shí jìn chóu zī wèi, yù shuō huán xiū; yù shuō huán xiū, què dào "tiān liáng hǎo gè qiū".

注　释

① 丑奴儿：词牌名，又名采桑子。
② 博山：山名，在江西省。
③ 层楼：高楼。

英语注释

① 丑奴儿：name of *cipai*, with another name as 采桑子
② 博山：name of a mountain, located in Jiangxi Province
③ 层楼：a high storied building

日语注释

① 丑奴儿：詞牌名。采桑子とも名付ける。
② 博山：江西省にある山の名。
③ 层楼：高殿。

韩语注释

① 丑奴儿：사패 이름. 혹은「采桑子」라고도 한다.
② 博山：강서성（江西省）에 위치한 산 이름.
③ 层楼：고층 건물.

说　明

　　词人在这首词中，描写了青年时期与老年时期对"愁"字的不同认识和理解。年轻时，不懂"愁"到底是什么滋味，为了写诗，爬上高楼，"愁"不绝口；如今上了岁数，经历了多少忧愁和痛苦，这一个"愁"字反而说不出口了。"愁"字已经到了嘴边，却变成"天凉好个秋"。词中把老年人的复杂心理描写得淋漓尽致。

一、根据下面拼音写出词句并朗读

Shào nián bù shí chóu zī wèi, ài shàng céng lóu; ài shàng céng lóu, wèi fù xīn cí qiǎng shuō chóu.

Ér jīn shí jìn chóu zī wèi, yù shuō huán xiū; yù shuō huán xiū, què dào "tiān liáng hǎo gè qiū".

二、解释下列词语在这首词中的意思

1. 滋味：
2. 赋：
3. 道：

1. 说说你小时候的"愁"和现在的有什么不同。
2. 说说你对下面词句的理解。
   少年不识愁滋味
   欲说还休
   天凉好个秋

第49课

天净沙①

秋 思

——〔元〕马致远

枯藤老树昏鸦，小桥流水人家，古道西风瘦马。夕阳西下，断肠人在天涯②。

★ **拼 音**

Kū téng lǎo shù hūn yā, xiǎo qiáo liú shuǐ rén jiā, gǔ dào xī fēng shòu mǎ. Xī yáng xī xià, duàn cháng rén zài tiān yá.

注 释

① 天净沙：散曲的曲牌名。
② 断肠人：这里指漂泊在外、极度忧伤的旅人。

英语注释

① 天净沙：name of *qupai*, which is the tune to which *sanqu* (a type of verse populated in the Yuan, Ming and Qing dynasty, with tonal patterns modelled on tunes drawn from folk music) poems are composed
② 断肠人：to refer to the sad traveling man who led a wandering life

第49课 天净沙·秋思

日语注释

① 天净沙：元散曲の曲牌名。
② 断肠人：ここでは流浪の果てにひどく悲しみ心を痛めている旅人を言う。

韩语注释

① 天净沙：산곡（散曲）의 곡명．
② 断肠人：여기서는 외지에서 방랑하고 근심으로 인해 극도로 슬퍼하는 나그네를 가리킨다．

说 明

这是一首有名的散曲。表面看来，似乎是一些景物的堆积，但细细琢磨，却是为我们勾画的一幅由近及远的风景图：近处是枯藤、老树、昏鸦；往远处看，有小桥、流水、人家；再往远看，有古道和骑着瘦马的旅人。夕阳西下，这一悲凉的景致引来作者的长叹：远离家乡的旅人心中该有多少愁苦哇！

一、给下面拼音加声调、填写词句并朗读

Ku teng lao shu hun ya, xiao qiao liu shui ren jia, gu dao xi feng shou ma.

Xi yang xi xia, duan chang ren zai tian ya.

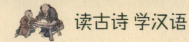

二、解释下列词语在这首词中的意思

1. 枯：

2. 断肠：

3. 天涯：

1. 谈谈你学完这首词的感受。
2. 说说你对下面词语的理解。

    枯藤、老树、昏鸦

    小桥、流水、人家

    古道、西风、瘦马

    夕阳西下

    人在天涯

第 50 课

石灰吟

——〔明〕于　谦

千锤万击出深山，烈火焚烧若等闲①。
粉骨碎身全不怕，要留清白在人间②。

★ **拼　音**

Qiān chuí wàn jī chū shēn shān, liè huǒ fén shāo ruò děng xián.

Fěn gǔ suì shēn quán bú pà, yào liú qīng bái zài rén jiān.

读古诗 学汉语

注 释

① 等闲：平常。这句是说，把烈火焚烧看成是平常事。
② 清白：比喻人的品行纯洁，没有污点。

英语注释

① 等闲：common. This sentence is to say that being burnt on fire was considered a common thing.
② 清白：stainless in one's behaviour

日语注释

① 等闲：普通並みの。この句は火で焼かれることも事なしとするの意。
② 清白：人格上清らかで汚れなく何の曇りもない人。

韩语注释

① 等闲：보통이다. 이 문장은 시인은 불에 타는 것은 일반적인 것으로 간주된다.
② 清白：사람의 품행이 순결하고 오점이 없음을 비유한다.

说 明

以物咏志的诗歌，我们见过的有很多，但借石灰表白自己的志向，这首诗是个开创。作者写这首诗时只有十七岁。诗中表明：愿在艰苦的生活中锻炼自己，做一个一生清白的人，即使为了这一志向粉骨碎身也在所不惜。

第 50 课 石灰吟

一、根据下面拼音写出诗句并朗读

Qiān chuí wàn jī chū shēn shān, liè huǒ fén shāo ruò děng xián.

Fěn gǔ suì shēn quán bú pà, yào liú qīng bái zài rén jiān.

二、在括号内填上适当的字

1. 千（　　）万击出深山，烈火焚烧若（　　）闲。

2. 粉骨（　　）身全不怕，要留（　　）白在人间。

三、解释下列词语在这首诗中的意思

1. 等闲：

2. 清白：

四、解释下列诗句

千锤万击出深山，烈火焚烧若等闲。

读古诗 学汉语

思考与表述

1. 谈谈你学完这首诗的感受。
2. 借日常事物表达自己志向的诗句，你还知道哪些？你们国家的文化里有没有这样的现象？
3. 说说你对下面诗句的理解。
    粉骨碎身全不怕，要留清白在人间。

第 51 课

己亥杂诗①

——〔清〕龚自珍

九州生气恃风雷②,万马齐喑究可哀③。
我劝天公重抖擞④,不拘一格降人才⑤。

★ 拼　音

Jiǔ zhōu shēng qì shì fēng léi, wàn mǎ qí yīn jiū kě āi.

Wǒ quàn tiān gōng chóng dǒu sǒu, bù jū yì gé jiàng rén cái.

注　释

① 己亥：指1839年。作者辞官南归，后又北上接家眷，往返途中写出《己亥杂诗》三百一十五首，这里选其中一首。
② 九州：中国古分九州。这里以"九州"代指全中国。生气：活力；生命力。恃：凭借。风雷：急剧变化的形势。
③ 喑：哑。万马齐喑：众马都沉寂无声。比喻人们都沉默，不敢发表意见。究：到底；毕竟。
④ 抖擞：振作起来。
⑤ 不拘一格：不局限于一个规格、标准。

读古诗 学汉语

英语注释

① 己亥：to refer to the year of 1839. The poet went back to the south of China after he had resigned and later went to the north again to take his family home. He wrote 315 poems on the way to and from between the north and the south. Here we select one of them.
② 九州：China was divided into 9 states in ancient times. Here "九州" refers to the whole country. 生气：life; vitality. 恃：to depend on. 风雷：greatly changing situation
③ 暗：silent. 万马齐暗：All horses kept silent, indicating that people dare not express themselves and kept silent. 究：after all
④ 抖擞：to rouse
⑤ 不拘一格：not confined to a sole standard

日语注释

① 己亥：一八三九年（旧暦己亥年）作者は官を辞し南に帰る途中、北に家族を迎えに行き、返してくる際、《己亥杂诗》三百十五首を書いたうちの一首である。
② 九州：古代中国全土を九つの州に分けた。生气：活力、生命力。恃：頼りにする。风雷：急劇に変化する情勢。
③ 暗：声がかすれる。万马齐暗：万馬が沈潜する。人がひっそりと鳴りをひそめてしまう喩え。究：結局，ついに。
④ 抖擞：奮い起こす。
⑤ 不拘一格：一つの型，規格にとらわれない。

韩语注释

① 己亥：해당 년도는 서기 1839년이다. 작자는 관직을 사직하고 남으로 돌아왔으며 후에 또 북상하여 가족을 맞이하였다. 왕복도중에 「기해잡시」 315수를 썼는데 그중 한수를 선택한다.
② 九州：고대 중국은 9개의 주（州）로 나뉘었다. 여기서는 구주（九州）는 중국을 가리킨다. 生气：활력，생명력. 恃：핑계 대다. 风雷：격변

하는 형세.

③ 喑: 목이 쉬다. 万马齐喑: 말이 모두 소리 하나 없이 고요하다. 사람들이 모두 침묵하고, 감히 의견을 발표하지 못하는 것을 비유한다. 究: 도대체; 드디어.

④ 抖擞: 기운을 내다.

⑤ 不拘一格: 하나의 규격, 표준에 국한되지 않다.

说 明

在这首诗中，作者谈了对社会变革的看法。他认为，"万马齐喑"的社会现实不利于社会的发展，要改变这种现实，就要有风雷激荡的社会变动，希望在这变革的时代，能有更多的社会贤才出现，一起推动中国社会向前发展。

一、根据下面拼音写出诗句并朗读

Jiǔ zhōu shēng qì shì fēng léi, wàn mǎ qí yīn jiū kě āi.

Wǒ quàn tiān gōng chóng dǒu sǒu, bù jū yì gé jiàng rén cái.

二、在括号内填上适当的字

1. 九州生气（　　）风雷，万马齐（　　）究可哀。

2. 我劝天公（　　）抖擞，不拘一（　　）降人才。

三、解释下列词语在这首诗中的意思

1. 九州：

2. 喑：

3. 抖擞：

4. 不拘一格：

四、解释下列诗句

九州生气恃风雷，万马齐喑究可哀。

1. 谈谈你学完这首诗的感受。
2. 说说这首诗为什么受到人们的关注。
3. 说说你对下面诗句的理解。
   我劝天公重抖擞，不拘一格降人才。

附录 中国历代纪元表

五帝（Wǔ Dì）		约前30世纪初—约前21世纪初
夏（Xià）		约前2070—前1600
商（Shāng）		前1600—前1046
周（Zhōu）	西周（Xī Zhōu）	前1046—前771
	东周（Dōng Zhōu）	前770—前256
秦（Qín）		前221—前206
汉（Hàn）	西汉（Xī Hàn）	前206—公元25
	东汉（Dōng Hàn）	25—220
三国（Sān Guó）	魏（Wèi）	220—265
	蜀汉（Shǔ-Hàn）	221—263
	吴（Wú）	222—280
晋（Jìn）	西晋（Xī Jìn）	265—317
	东晋（Dōng Jìn）	317—420
南北朝（Nán-Běi Cháo）	南朝 宋（Sòng）	420—479
	齐（Qí）	479—502
	梁（Liáng）	502—557
	陈（Chén）	557—589
	北朝 北魏（Běi Wèi）	386—534
	东魏（Dōng Wèi）	534—550
	北齐（Běi Qí）	550—577
	西魏（Xī Wèi）	535—556
	北周（Běi Zhōu）	557—581
隋（Suí）		581—618
唐（Táng）		618—907

（续表）

五代（Wǔ Dài）	后梁（Hòu Liáng）	907—923
	后唐（Hòu Táng）	923—936
	后晋（Hòu Jìn）	936—947
	后汉（Hòu Hàn）	947—950
	后周（Hòu Zhōu）	951—960
宋（Sòng）	北宋（Běi Sòng）	960—1127
	南宋（Nán Sòng）	1127—1279
辽（Liáo）		907—1125
西夏（Xī Xià）		1038—1227
金（Jīn）		1115—1234
元（Yuán）		1206—1368
明（Míng）		1368—1644
清（Qīng）		1616—1911

五帝夏商西东周，秦汉三国与两晋，南北朝隋唐五代，宋辽金元明和清。